Impressum
Verlag: BABADADA GmbH, Nedderfeld 112 , 22529 Hamburg
Geschäftsführer / Verlagsleitung: Harald Hof
Druck: Books on Demand GmbH, In de Tarpen 42, 22848 Norderstedt

Imprint
Publisher: BABADADA GmbH, Nedderfeld 112 , 22529 Hamburg, Germany
Managing Director / Publishing direction: Harald Hof
Print: Books on Demand GmbH, In de Tarpen 42, 22848 Norderstedt, Germany

សាលារៀន

școală

បន្ទប់រៀន
salã de clasã

ចែក
a împărţi

186/2

ក្ដារ
tablã

ទីធ្លាសាលារៀន
curte a școlii

គ្រូបង្រៀន
profesor

ក្រដាស
hârtie

សរសេរ
a scrie

បិច
instrument de scri

តុការិយាល័យ
masã de birou

បន្ទាត់
riglã

សៀវភៅ
carte

កូនសិស្ស
elev

សម្ពាររៀនសូបភ្នែ
ghiozdan

ប្រអប់ដាក់ខ្មៅដៃ
penar

ខ្មៅដៃ
creion

ប្រដាប់ខ្វាងខ្មៅដៃ
ascuţitoare

ជ័រលុប
radierã

ផ្ទាំងគំនូរ
bloc de desen

គំនូរ

desen

ជក់គូរ

pensulă

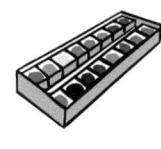

ប្រអប់ថ្នាំលាប

cutie de acuarele

កន្ត្រៃ

foarfece

ការបិទ

lipici

សៀវភៅលំហាត់

caiet de exerciții

កិច្ចការផ្ទះ

temă

12

លេខ

număr

2+2

បូក

a aduna

5-2

ដក

a scădea

2×2

គុណ

a multiplica

គណនា

a calcula

A

លិខិត

literă

ABCDEFG HIJKLMN OPQRSTU VWXYZ

អក្ខរក្រម

alfabet

hello

ពាក្យ

cuvânt

អត្ថបទ
text

អាន
a citi

ដីស
cretă

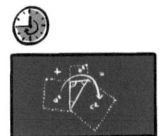

មេរៀន
oră

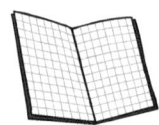

ចុះឈ្មោះ
catalog

ការប្រលង
examen

វិញ្ញាបនបត្រ
certificat

ឯកសណ្ឋានសាលា
uniformă școlară

ការអប់រំ
educație

សព្វវចនាធិប្បាយ
enciclopedie

សាកលវិទ្យាល័យ
universitate

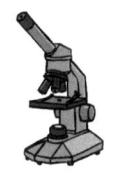

មីក្រូទស្សន៍
microscop

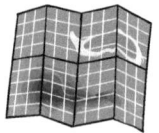

ផែនទី
hartă

កន្ត្រករដាក់សំរាមក្នុងដាស
coș de gunoi

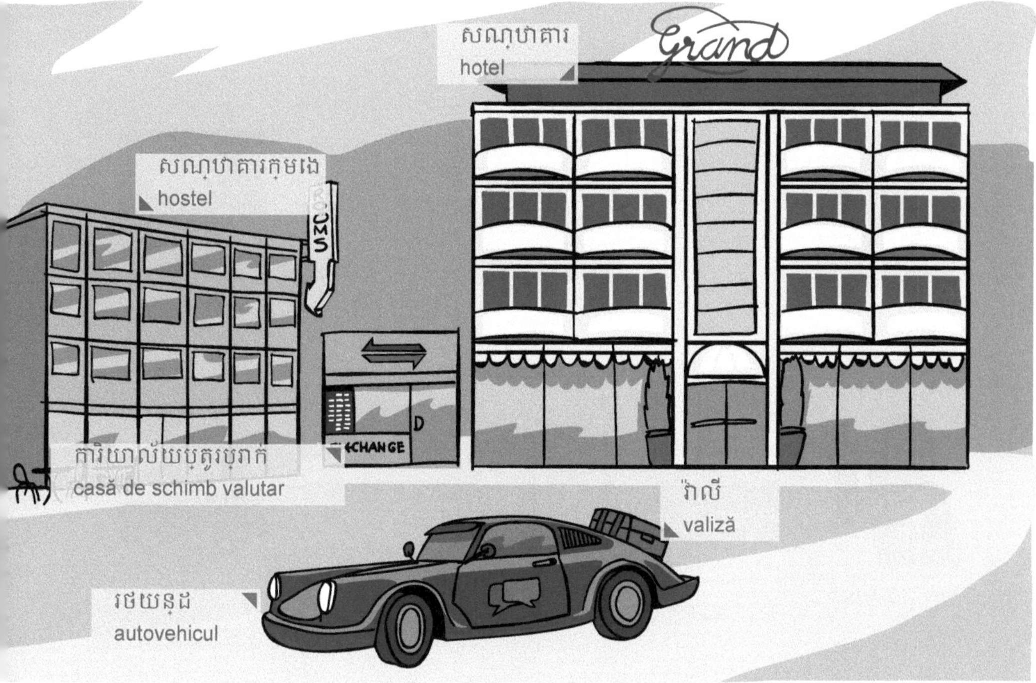

សណ្ឋាគារ
hotel
Grand
សណ្ឋាគារក្មេង
hostel
ROOMS
ការិយាល័យប្តូរប្រាក់
casă de schimb valutar
CHANGE
វ៉ាលី
valiză
រថយន្ត
autovehicul

ភាសា

limbă

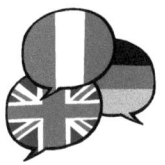

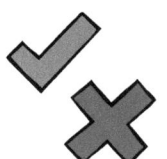

បាទ / ទេ

da/nu

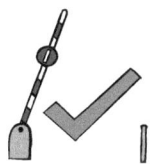

យល់ព្រម

okay

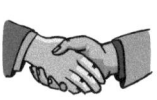

សាយ័ន្តសួស្តី!

Bună!

អ្នកបកប្រែ

interpret

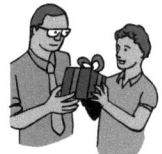

សូមអរគុណ

mulțumesc

ថ្លៃប៉ុន្មាន... ?

Cât costă…?

ខ្ញុំមិនយល់

Nu înțeleg

បញ្ហា

problemă

ទិវាសួស្តី!

Bună seara!

អរុណសួស្តី!

Bună dimineața!

រាត្រីសួស្ដី!

Noapte bună!

លាហើយ

la revedere

ទិសដៅ

direcție

អីវ៉ាន់

bagaj

កាបូប

geantă

កាបូបស្ពាយក្រោយ

rucsac

ភ្ញៀវ

oaspete

បន្ទប់

cameră

ថង់ដេក

sac de dormit

តង់

cort

ការធ្វើដំណើរ - călătorie

ព័ត៌មានទេសចរណ៍
....
punct de informare turistică

ឆ្នេរ
....
plajă

កាតឥណទាន
....
carte de credit

អាហារពេលព្រឹក
....
mic dejun

អាហារថ្ងៃត្រង់
....
masa de prânz

អាហារពេលល្ងាច
....
cină

សំបុត្រ
....
bilet de călătorie

ជណ្តើរយន្ដ
....
lift

តែម
....
timbru poștal

ព្រំដែន
....
graniță

គយ
....
vamă

ស្ថានទូត
....
ambasadă

ទិដ្ឋាការ
....
viză

លិខិតឆ្លងដែន
....
pașaport

ការដឹកជញ្ជូន

transport

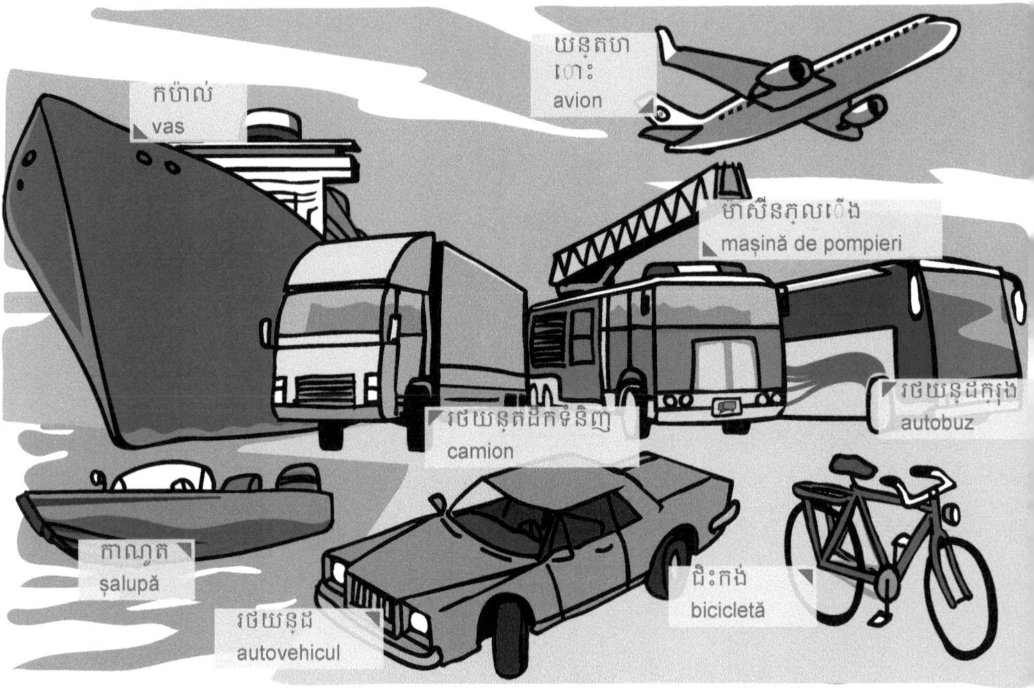

កប៉ាល់
vas
យន្តហោះ
avion
ម៉ាស៊ីនភ្លើង
mașină de pompieri
រថយន្តក្រុង
autobuz
រថយន្តដឹកទំនិញ
camion
កាណូត
șalupă
ជិះកង់
bicicletă
រថយន្ត
autovehicul

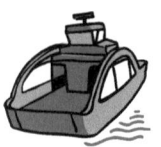

សាឡាង

feribot

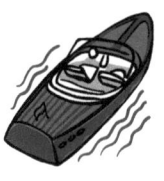

ទូក

barcă

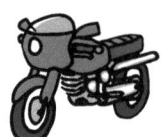

ម៉ូតូ

motocicletă

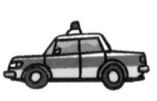

រថយន្តប៉ូលិស

mașină de poliție

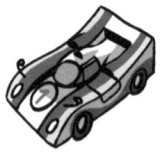

រថយន្តប្រណាំង

mașină de curse

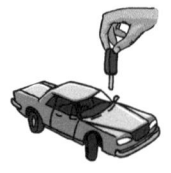

រថយន្តជួល

mașină închiriată

ការចែករំលែករថយន្ត

car sharing

ឡានសុទូច

mașină de tractat

ឡានបូម្មលសំរាម

mașină de gunoi

ម៉ូតូ

motor

ប្រេងឥន្ធនៈ

combustibil

ស្ថានីយប្រេង

benzinărie

ស្លាកសញ្ញាចរាចរណ៍

semn de circulație

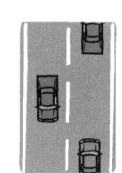

ការធ្វើរើចរាចរណ៍

trafic

កកស្ទះចរាចរណ៍

ambuteiaj

ចំណត

parcare

ស្ថានីយរថភ្លើង

gară

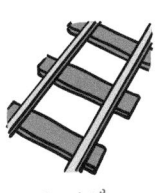

ផ្លូវដែក

șine

រថភ្លើង

tren

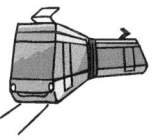

រថអគ្គីសនី

tramvai

ទូរថភ្លើង

vagon

ឧទ្ធម្ភាគចក្រ

elicopter

ព្រលានយន្តហោះ

aeroport

ប៉ម

turn

អ្នកដំណើរ

pasager

កុងតឺន័រ

container

ករដាសកាតុង

carton

រទេះ

căruţă

កញ្ចប់

coş

ហោះឡ្បើង / ចុះ

a decola/a ateriza

ទីក្រុង

oraş

ភូមិ

sat

កណ្ដាលទីក្រុង

centru

ផ្ទះ

casă

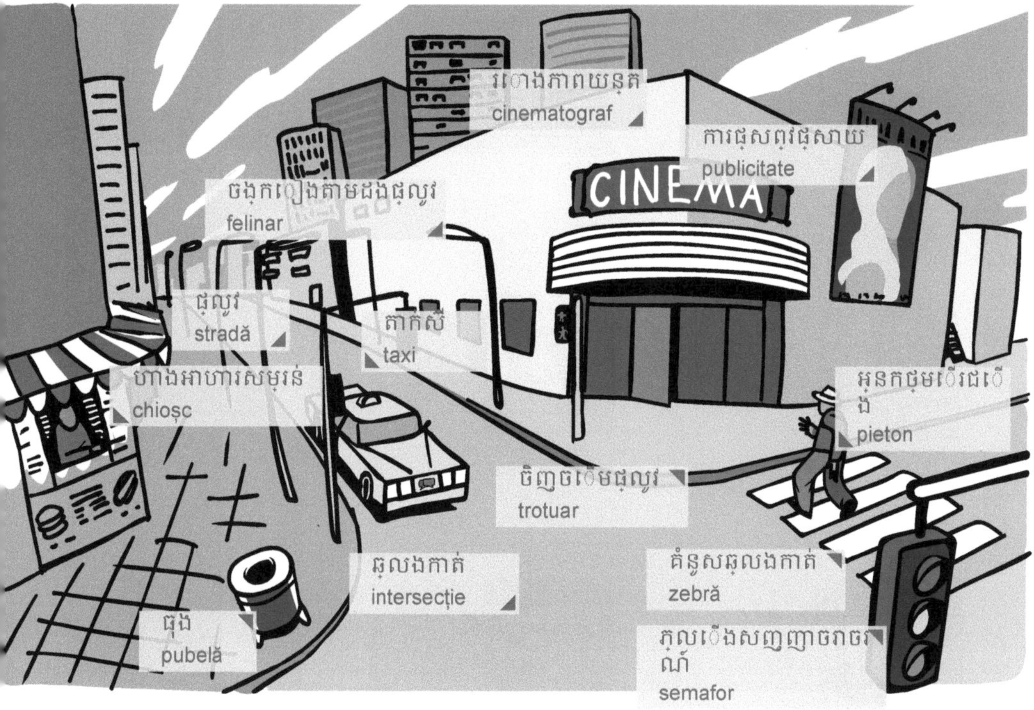

រោងភាពយន្ត
cinematograf

ការផ្សព្វផ្សាយ
publicitate

ចង្កៀងតាមដងផ្លូវ
felinar

CINEMA

ផ្លូវ
stradă

តាក់ស៊ី
taxi

ហាងអាហារសម្រន់
chiosc

អ្នកថ្មើររេជើង
pieton

ចិញ្ចើមផ្លូវ
trotuar

ផ្លូងកាត់
intersecție

គំនូសផ្លូងកាត់
zebră

ធុង
pubelă

ភ្លើងសញ្ញាចរាចរណ៍
semafor

ខ្ទម
cabană

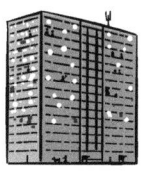

ផ្ទះទ្បេវរដែ
apartament

ស្ថានីយរថភ្លើង
gară

សាលាក្រុង
primărie

សារមន្ទីរ
muzeu

សាលារៀន
școală

សាកលវិទ្យាល័យ

universitate

ធនាគារ

bancă

មន្ទីរពេទ្យ

spital

សណ្ឋាគារ

hotel

ឱសថស្ថាន

farmacie

ការិយាល័យ

birou

ហាងលក់សៀវភៅ

librărie

ហាង

magazin

ហាងផ្កា

florărie

ផ្សារទំនើប

supermarket

ទីផ្សារ

piață

ហាងទំនិញ

magazin universal

ហាងលក់ត្រី

comerciant de pește

មជ្ឈមណ្ឌលផ្សារទំនើប

centru comercial

កំពង់ផែ

port

ឧទ្យាន

parc

បង្គំ

bancă

ស្ពាន

pod

ជណ្ដើរ

trepte

ផ្លូវរក្សរទោមដី

metrou

ផ្លូវរូងក្សរទោមដី

tunel

ចំណតរថយន្តដក្រុង

stație de autobuz

បារ

bar

ភោជនីយដ្ឋាន

restaurant

ប្រអប់សំបុត្រ

cutie poștală

សញ្ញាតាមដងផ្លូវ

tăbliță indicatoare cu
numele străzii

ឧបករណ៍បូមមូលចូលថៃណត

parcometru

សួនសត្វ

grădină zoologică

អាងហាលែទឹក

piscină

វិហារអ៊ីស្លាម

moschee

កសិដុហាន

gospodărie țărănească

ការបំពុល

poluare

វាលកប់ខ្មោច

cimitir

ពុរេវិហារ

biserică

គុរេ្យងអិលកុមងេលងៈ

loc de joacă

បុរសាទ

templu

ទេសភាព

peisaj

ស្លឹក
frunză

សញ្ញាបុរាប់ទិសដៅ
indicator

ផ្លូរ
drum

វាលស្មៅ
pajiște

ដុំថ្ម
piatră

អ្នកឧទ្យេងក្នុន
drumeț

ទន្លេ
râu

ជេ៍មឈេ
copac

ស្មៅ
iarbă

ផ្កា
floare

ជ្រលងភ្នំ

vale

កូនភ្នំ

deal

បឹង

lac

ព្រៃឈើ

pădure

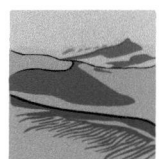

វាលខ្សាច់

deșert

ភ្នំភ្លើង

vulcan

គីឡោកុរបី

castel

ឥន្ទធនូ

curcubeu

ផ្សិត

ciupercă

ដើមត្នោត

palmier

មូស

țânțar

រុយ

muscă

ស្រមោច

furnică

សត្វឃ្មុំ

albină

ពីងពាង

păianjen

សត្វកញ្ចៅវៃ

gândac

កង្កែបប្‌

broască

កំប្ញុរុក

veveriță

សត្វកាំប្ញុរមា

arici

ទន្សាយស្មោល៊ិក

iepure

សត្វទ្ញី់ទ្ញុយ

bufniță

បក្សី

pasăre

ហង្ស

lebădă

ជ្ញរុក

porc mistreț

សត្វក្ញតាន់

cerb

សត្វក្ញដាន់

elan

ទំនប់

dig

កង្ហារខ្យល់

turbină eoliană

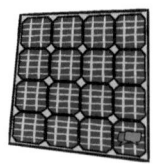

បន្ទះស្ញុឡ្ញា

panou solar

អាកាសធាតុ

climă

ទ្ញសេភាព - peisaj

អ្នករត់តុ
chelnăr

ម៉ឺនុយ
meniu

កៅអី
scaun

ស៊ុប
supă

កីហ្សា
pizza

កម្រាលតុ
faţă de masă

កាំបិត
tacâmuri

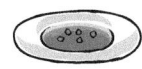

អាហារសមុរន់
antreu

អាហារសំខាន់
fel principal

 បង្អែម
desert

ភេសជ្ជៈ
băuturi

អាហារ
mâncare

ដប
sticlă

អាហារឆាប់ៗ
....
fastfood

អាហារតាមផ្លូវ
....
streetfood

ប៉ាន់តែ
....
ceainic

បួរអប់ស្ករ
....
zaharniță

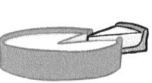

ចំណិកែ
....
porție

ម៉ាស៊ីនឆុងកាហ្វេអ៊ិចស្ព្រេ
.......ស្ស.......
espréssor

កៅអីខ្ពស់
....
scaun înalt (pentru copii)

វិក្កយបត្រ
....
factură

ថាស
....
tavă

កាំបិត
....
cuțit

សម
....
furculiță

ស្លាបព្រា
....
lingură

ស្លាបព្រាកាហ្វេ
....
linguriță

កន្សែងជូតខ្លួន
....
șervețel

កវែ
....
pahar

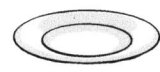

ចានទាប

farfurie

ចានស៊ុប

farfurie de supă

ចានទូរនាប់

farfurie

ទឹកជ្រលក់

sos

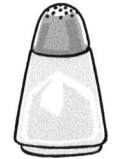

ដបអំបិល

solniţă

បុរដាប់កិនម្រេច

râşniţă de piper

ទឹកខ្មេះ

oţet

បុរង

ulei

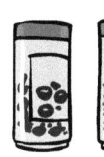

គ្រឿងទេស

condimente

ទឹកប់ដេប់ពោះ

ketchup

ម៉ូតាក

muştar

ទឹកមយ៉ូណារ

maioneză

ផ្សារទំនើប

supermarket

ការផ្តល់ជូនពិសេស
ofertă
FOR
អតិថិជន
client
ទឹកដោះគោ
produse lactate
ផ្លែឈើ
fructe
រទេះរុញ
cărucior de cumpărături

BUTCHERS

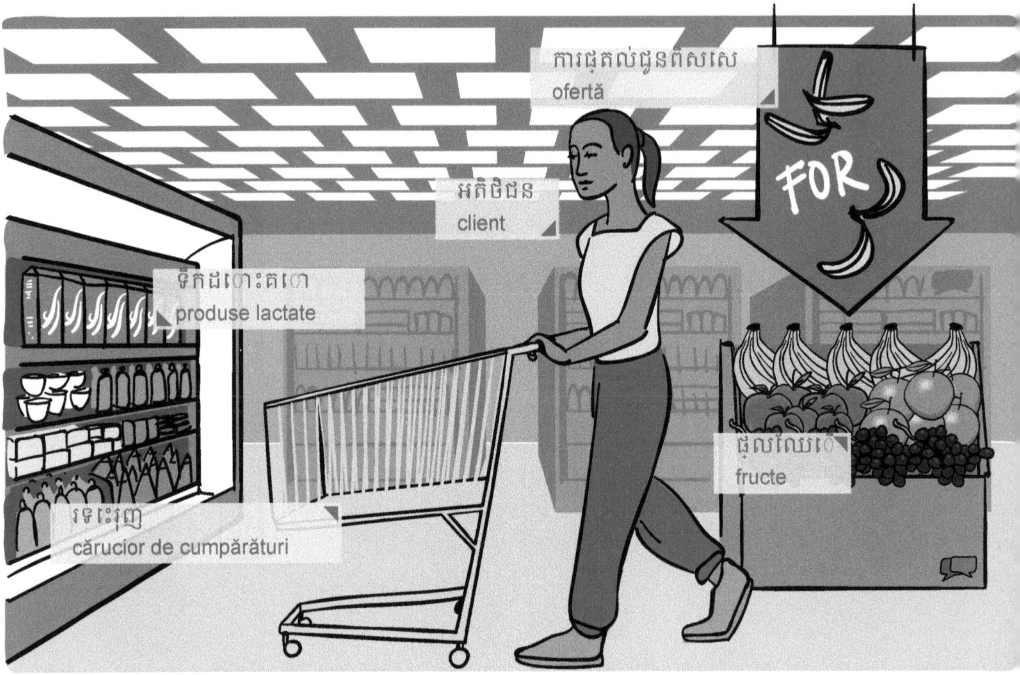

ហាងកាប់ជ្រូក

măcelărie

BAKERY

ហាងដុតនំ

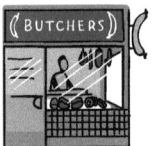

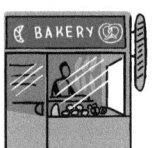

brutărie

ថ្លឹង

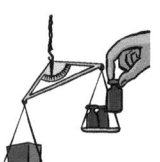

a cântări

បន្លែ

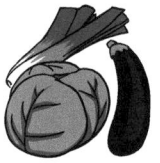

legume

សាច់

carne

អាហារក្លាស្សេ

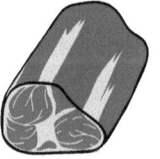

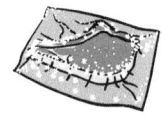

alimente refrigerate

សាច់កុលាសរ

mezeluri și brânzeturi feliate

អាហារកំប៉ុង

conserve

មុសเวៀលាង

detergent

សុអរគុរាប់

dulciuri

ផលិតផលកុនុងគ្រួសារ

articole de menaj

ផលិតផលសមុអាត

produse de curățenie

អ្នកលក់

vânzătoare

ថតដាក់លុយ

casă

បเឡ្កា

casier

បញ្ជីទិញទំនិញ

listă de cumpărături

ម៉เោងធុរเ្ីការ

orar

កាបូបលុយបុរស

portmoneu

កាតឥណទាន

carte de credit

ថង់

geantă

ថង់បុលាសុទិច

pungă de plastic

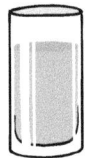

ទឹក

apă

ទឹកផ្លែឈើ

suc

ទឹកដោះគោ

lapte

កូកាកូឡា

cola

ស្រា

vin

ស្រាបៀរ

bere

គ្រឿងស្រវឹង

alcool

កាកាវ

cacao

តែ

ceai

កាហ្វេ

cafea

កាហ្វេអ៊ីចស្ព្រីស្សូ

espresso

កាហ្វេកាពូឈីណូ

cappucino

ចេក

banane

ផ្លែប៉ោម

măr

ផ្លែក្រូច

portocală

ឪឡឹក

pepene

ក្រូចឆ្មា

lămâie

ការ៉ុត

morcov

ខ្ទឹម

usturoi

ប្រសី

bambus

ខ្ទឹមបារាំង

ceapă

ផ្សិត

ciupercă

គ្រាប់ផ្លែឈើ

nuci

មី

paste făinoase

ម៉ាអ៊ីតាលី

spagheti

ហាយ

orez

សាឡាត់

salată

ដំឡូងចៀន

cartofi prăjiți

ដំឡូងចៀន

cartofi țărănești

ភីហ្សា

pizza

ប៊ីហ្គឺ

hamburger

សាំងវិច

sandwich

សាច់ជាប់ឆ្អឹងជំនី

șnițel

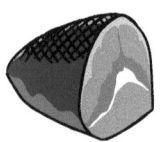

ហាំ

șuncă

សាឡាម៉ី

salam

សាច់ក្រក

cârnați

សាច់មាន់

pui

អាំង

friptură

ត្រី

pește

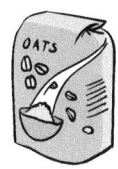

អាវ៉ែនបបរ

fulgi de ovăz

មុយ៉ីស្លី

musli

ដំឡូងចំណិត

cereale

មុសឡៅ

făină

នំគួរសង់

corn

នំបុ័ងមុយ៉ាងមូលតូចៗ

chifle

នំបុ័ង

pâine

អាំង

pâine prăjită

នំប៊ីស្គី

biscuiți

ប៊័រ

unt

ទឹកដោះខាប់

brânză de vaci

នំខេក

prăjitură

ស៊ុត

ou

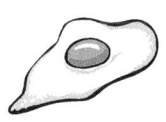

ស៊ុតចៀន

ouă ochiuri

ឈីស

brânză

ការ៉េម

îngheţată

ស្ករ

zahăr

ទឹកឃ្មុំ

miere

ជំណាប់

marmeladă

ក្រែមតាំងម៉ៃ

cremă nuga

ការី

curry

កសិដ្ឋាន

gospodărie țărănească

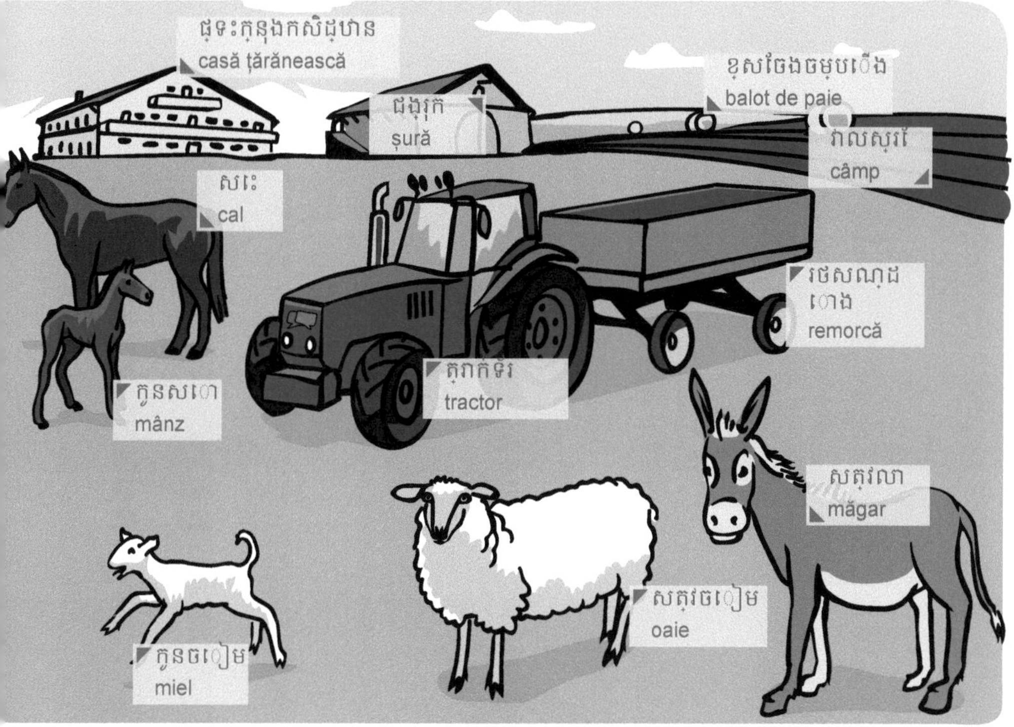

ផ្ទះក្នុងកសិដ្ឋាន
casă țărănească
ជង្រុក
șură
ខ្សែចងចម្បើង
balot de paie
វាលស្រែ
câmp
សេះ
cal
រថសណ្ដោង
remorcă
ត្រាក់ទ័រ
tractor
កូនសេះ
mânz
សត្វលា
măgar
សត្វចៀម
oaie
កូនចៀម
miel

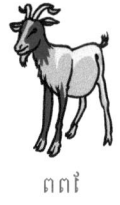

ពពែ

capră

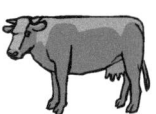

គោញី

vacă

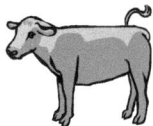

កូនគោ

vițel

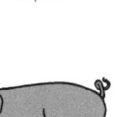

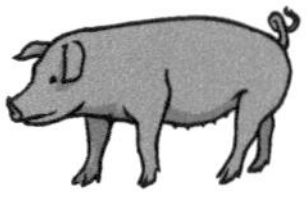

ជ្រូក

porc

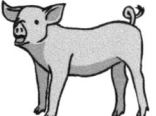

កូនជ្រូក

purcel

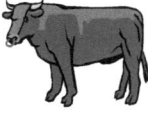

គោឈ្មោល

taur

សត្វក្ងាន

găină

ទា

rață

កូនមាន់

pui

មមោន់

găină

មាន់ឈ្មោល

cocoș

កណ្ដុរ

șobolan

ឆ្មា

pisică

កណ្ដុរប្របមេះ

șoarece

គោឈ្មោល

bou

ឆ្កែ

câine

ផ្ទះឆ្កែ

cușcă

ទុយោទឹក

furtun de grădină

ធុងស្រោចទឹក

stropitoare

ខូរវៃបក

coasă

នង្គ័ល

plug

កណ្ដៀវ
....
seceră

ចបកាប់
....
sapă

នេាស់
....
furcă

ពូថៅ
....
secure

រទេះរុញ
....
roabă

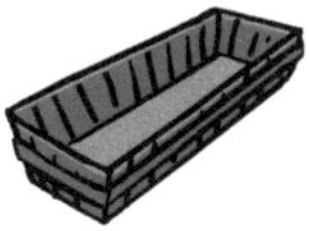

ស្នូក
....
troacă

កំប៉ុងទឹកដោះគោ
....
cană pentru lapte

ហារ
....
sac

របង
....
gard

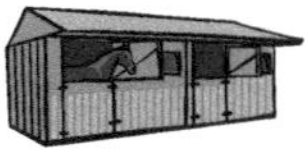

កូររោល
....
grajd

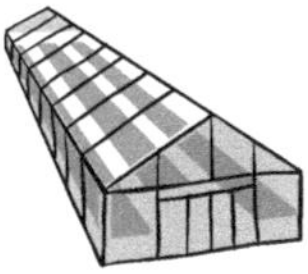

ផ្ទះកញ្ចក់
....
seră

ដី
....
sol

គ្រាប់ពូជ
....
sămânță

ដី
....
fertilizator

ម៉ាស៊ីនបុរមួលផល
....
combină de treierat

បុរមួលផល

a culege

ការបូរមួលផល

recoltă

ដំឡូងជួរ

cartof yam

សូរុវសាលី

grâu

សណ្ដែកកែសរ្យៀង

soia

ដំឡូងជួរ

cartof

ពោត

porumb

គួរាប់បូរងៃរីបៃ

rapiță

ដរើមឈរើហ្បុបដុលរៃ

pom fructifer

ដំឡូងម៉ី

manioc

ធញ្ញជាតិ

cereale

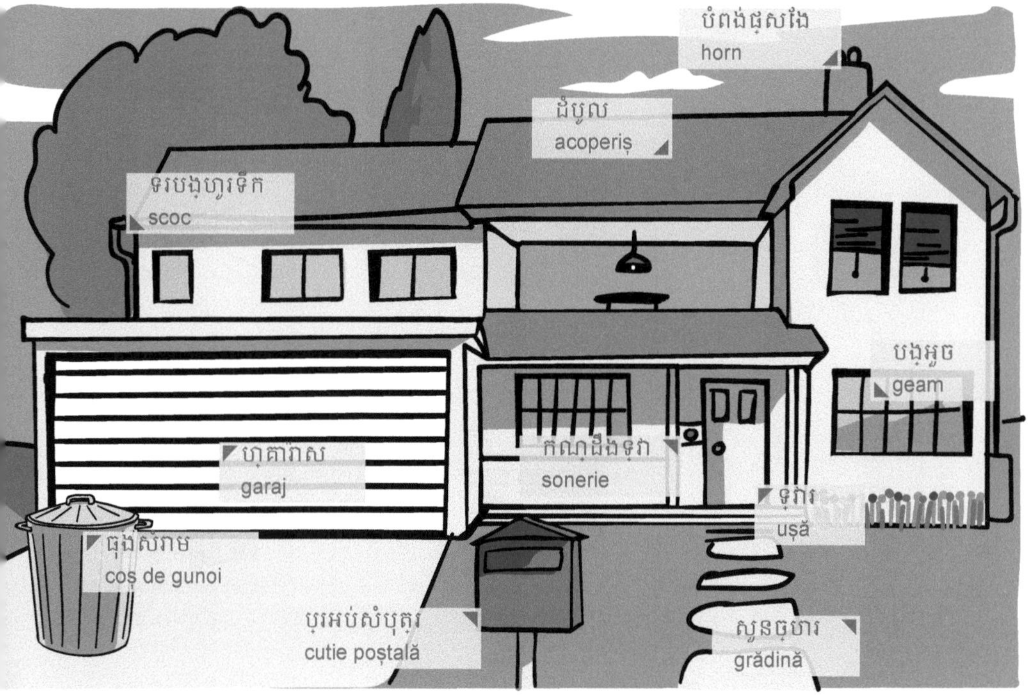

បំពង់ផ្សែង
horn

ដំបូល
acoperiș

ទរបង្អួចហ្វូទឹក
scoc

បង្អួច
geam

ហ្គារ៉ាស
garaj

កណ្ដឹងទ្វារ
sonerie

ទ្វារ
ușă

ធុងសំរាម
coș de gunoi

ប្រអប់សំបុត្រ
cutie poștală

សួនច្បារ
grădină

បន្ទប់ទទួលភ្ញៀវ
cameră de zi

បន្ទប់ទឹក
baie

ផ្ទះបាយ
bucătărie

បន្ទប់គេង
dormitor

បន្ទប់របស់កុមារ
camera copiilor

បន្ទប់ទទួលទានអាហារ
sufragerie

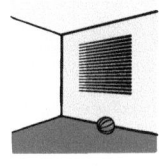

ជាន់
podea

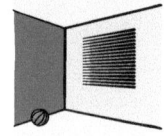

ជញ្ជាំង
perete

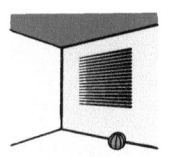

ពិដាន
tavan

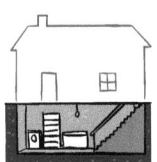

បន្ទប់ក្រោមដី
pivniță

សូណា
saună

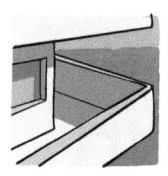

យ៉ារ
balcon

ផ្ទៃវាលបស្មេរើនទៅជមួរាលកន្លំ
terasă

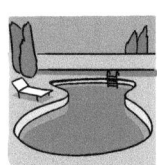

អាងហាលែទឹក
piscină

ម៉ាសីនកាត់ស្មៅ
maşină de tuns iarba

សន្លឹក
cearşaf

កម្រាលគ្រែដេកេ
cuvertură

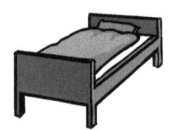

គ្រែ
pat

អំបោស
mătură

ធុង
găleată

កុងតាក់
întrerupător

ផ្ទាំងរូបភាព
tapet

រូបភាព
pictură

ចង្កេរៀង
lampă

ធ្នើរវៃ
raft

ទូដាក់ចាន
dulap

ជើងវៃក្នុនកម្ដៅផ្ទះ
şemineu

ទូទូរស្សន៍
televizor

ផ្កា
floare

ខ្នើយ
pernă

សាឡុង
sofa

ផ្តូ
vază

ការបញ្ជាព័ត៌មេងាយ
telecomandă

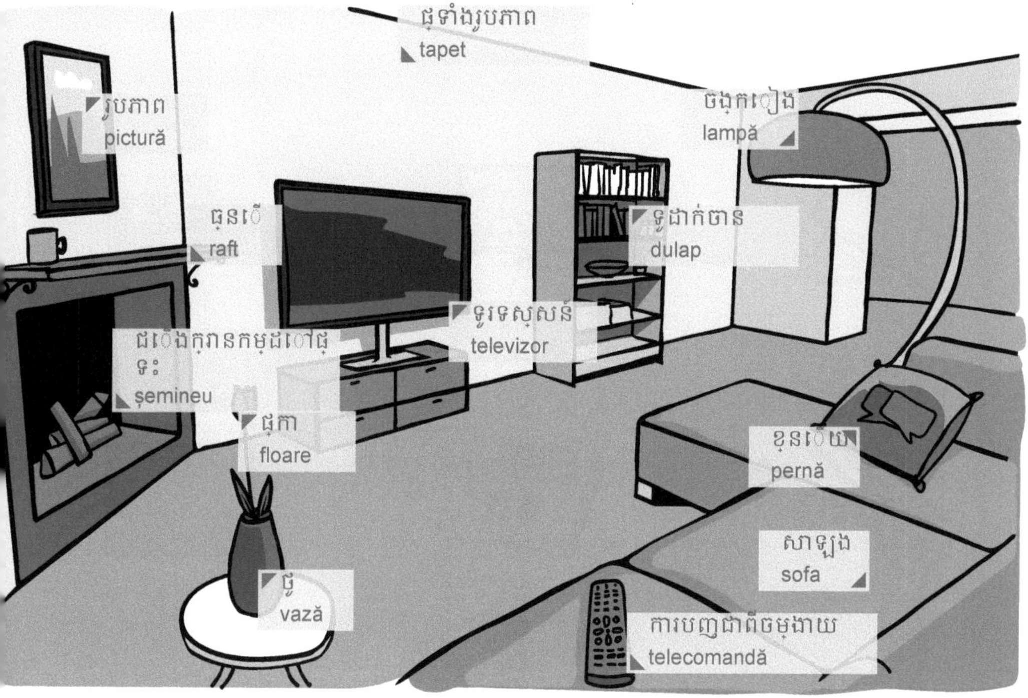

កម្រាលពូរ
covor

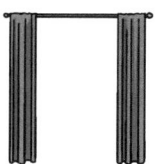

វាំងនន
perdea

តុ
masă

កៅអី
scaun

កៅអីប៉ាក់ប៉ើក
balansoar

កៅអីភ្នាក់ដៃ
fotoliu

សៀវភៅ
......
carte

ភួយ
......
pătură

ការតុបតែង
......
decoraţiune

អុសដុត
......
lemn de foc

ខ្សែភាពយន្ត
......
film

ឧបករណ៍ Hi-Fi
......
instalaţie stereo

កូនសោ
......
cheie

កាសែត
......
ziar

គំនូរ
......
desen

ផ្ទាំងរូបភាព
......
poster

វិទ្យុ
......
radio

ណូតជគ្រ
......
caiet de notiţe

ម៉ាស៊ីនបូមធូលី
......
aspirator

ដំបងឃ្យកុស
......
cactus

ទៀន
......
lumânare

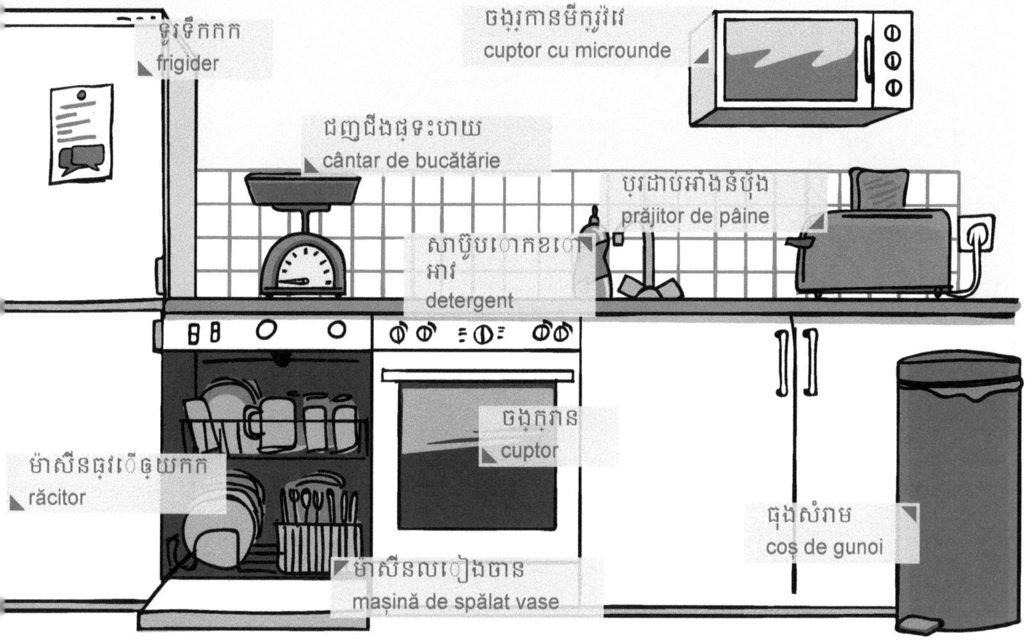

ទូរទឹកកក
frigider

ចង្ក្រានមីក្រូវែវ
cuptor cu microunde

ជញ្ជីងផ្ទះបាយ
cântar de bucătărie

បុរដាប់អាំងនំប៉័ង
prăjitor de pâine

សាប៊ូបោកខោអាវ
detergent

ម៉ាស៊ីនធ្វើរវើធ្លុយកក
răcitor

ចង្ក្រាន
cuptor

ធុងសំរាម
coș de gunoi

ម៉ាស៊ីនលាងចៀងចាន
mașină de spălat vase

ចង្ក្រាន

cuptor

ឆ្នាំង

oală

ឆ្នាំងដែក

oală de metal

ខ្ទះ / ខ្ទះផណ្តុខា

wok/kadai

ខ្ទះ

tigaie

កំសៀវ

ceainic

ឆ្នាំងចំហុយ

oală de gătit cu aburi

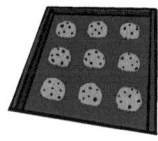

ថាសដុតនំ

tavă de copt

គ្រឿងចានឆ្នាំងដី

veselă

ថូ

pahar

ចានគ្រោម

bol

ចង្កឹះ

bețișoare

វែកសមុល

polonic

វែកកូរ

spatulă

បរដាប់វាយក្រឡុក

tel

តម្រង

sită

កន្ត្រង

sită

បរដាប់កោសដូង

răzătoare

ត្បាល់

mojar

ការរាំងសាច់

grătar

ចង្ក្រានចំហា

loc pentru grătar

ផ្ទះបាយ - bucătărie

ជុរញ្ញ

tocător

បុរដោប់កិនម្សៅ

sucitor

បុរដោប់ម្សៅបេើកឆ្នុកស្រា

tirbușon

កំប៉ុង

conservă

បុរដោប់បេើកកំប៉ុង

deschizător de conserve

កុរណាត់ទុរាប់ឆ្នាំង

șervete termice

កន្លសលែលាងចាន

chiuvetă

ជក់

perie

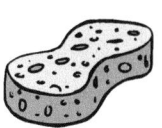

អប៉ុង

burete

ម៉ាស៊ីនកុរឡូក

mixer

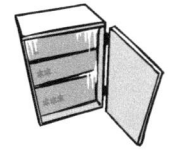

ទូរទឹកកកខ្ចនាតកូ្ច

ladă frigorifică

ដបទឹកដរ:តរោ

biberon

រ៉ូប៊ីណារ

robinet

baie

កម្ដៅរៅ / încălzire

កន្សែង / prosop

ផ្កាឈូក / duș

ការងូតទឹកពពុះ / baie cu spumă

វាំងននងូតទឹកផ្កាឈូក / perdea de duș

អាងងូតទឹក / cadă

ម៉ាស៊ីនបោកខោអាវ / mașină de spălat

កែវ / pahar

ចានបង្គន់ / oală de noapte

ករទឹកក្របឿង / gresie

រ៉ូប៊ីណេ / robinet

កន្លែងលាងចាន / chiuvetă

បង្គន់ / toaletă

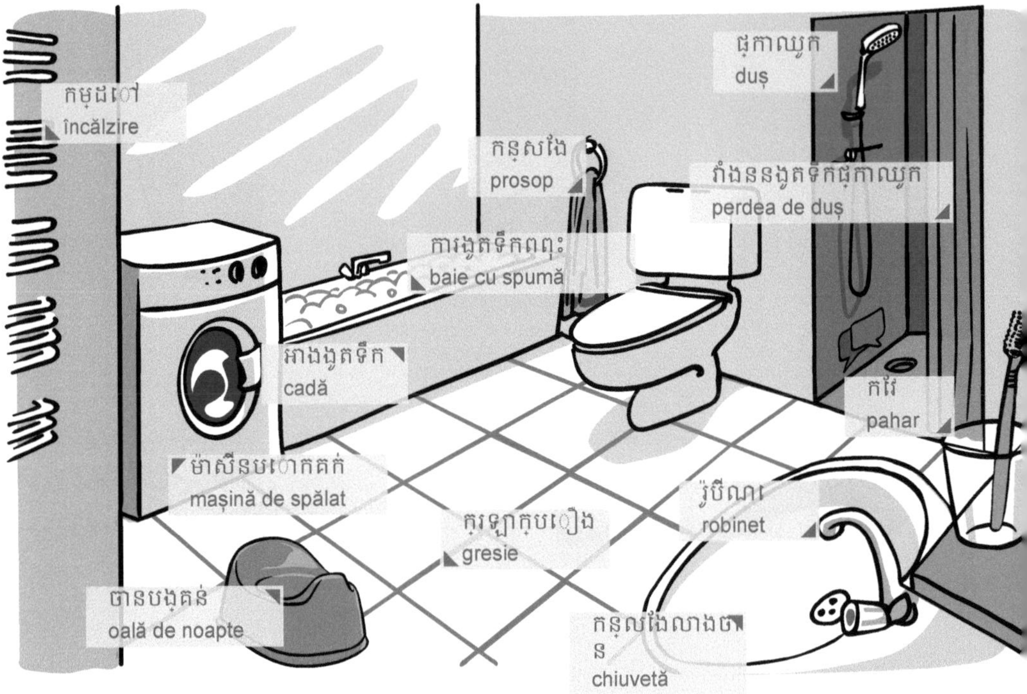

បង្គន់ / toaletă

បង្គន់អង្គុយ / toaletă turcescă

ជរើងជម្រះកាយ / bideu

កុលាំទឹកនោម / pisoir

ក្រដាសបង្គន់ / hârtie igienică

ច្រាសដុសបង្គន់ន / perie de toaletă

ច្រាសដុសធ្មេញ

periuță de dinți

ថ្នាំដុសធ្មេញ

pastă de dinți

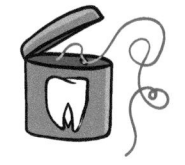

ខ្សែទៅក់សម្អាតធ្មេញ

ață dentară

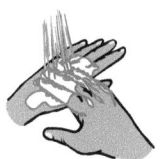

លាង

a spăla

បូរដាប់ដាក់ដផ្កាឈូក

cap de duș

ទឹកថ្នាំសម្រាប់ហាញ់លាង

duș intim

អាង

lavoar

ច្រាសដុសខ្នង

perie pentru spate

សាប៊ូ

săpun

វែលសម្រាប់ដុតទឹកផ្កាឈូក

gel de duș

សាប៊ូ

șampon

សកុលាត

cârpă de spălat

បំពង់បង្ហូរទឹក

scurgere

ក្រែម

cremă

ថ្នាំបំបាត់ក្លិនអាក្រក់

deodorant

កញ្ចក់

oglindă

កញ្ចក់ដៃ

oglindă cosmetică

បុរដាប់កោរ

aparat de ras

ហ្វូមកោរពុកមាត់

spumă de ras

ទឹកលាងក្រោយកោរពុកម
···ាត់រួច···

aftershave

ក្រវ

pieptene

ជក់

perie

បុរដាប់សម្ងួតសក់

uscător de păr

សូពុរាយហាញ់សក់

fixator

ការតុបតែងមុខ

machiaj

ក្រមេលាបមាត់

ruj

ថ្នាំលាបក្រចក

lac de unghii

រោមកប្បាស

vată

កន្ត្រៃកាត់ក្រចក

foarfece de unghii

ទឹកអប់

parfum

កាប៉ូបបពោកតតុំ
neseser

លាមក
taburet

ជញ្ជីងថ្លឹងទម្ងន់
cântar

អាវពាក់ងូតទឹក
halat de baie

ស្រោមដៃកៅស៊ូ
mănuși de cauciuc

ធ្នុក
tampon

កន្សែងអនាម័យ
tampon

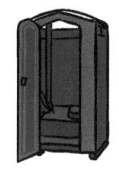

បង្គន់គីមី
toaletă chimică

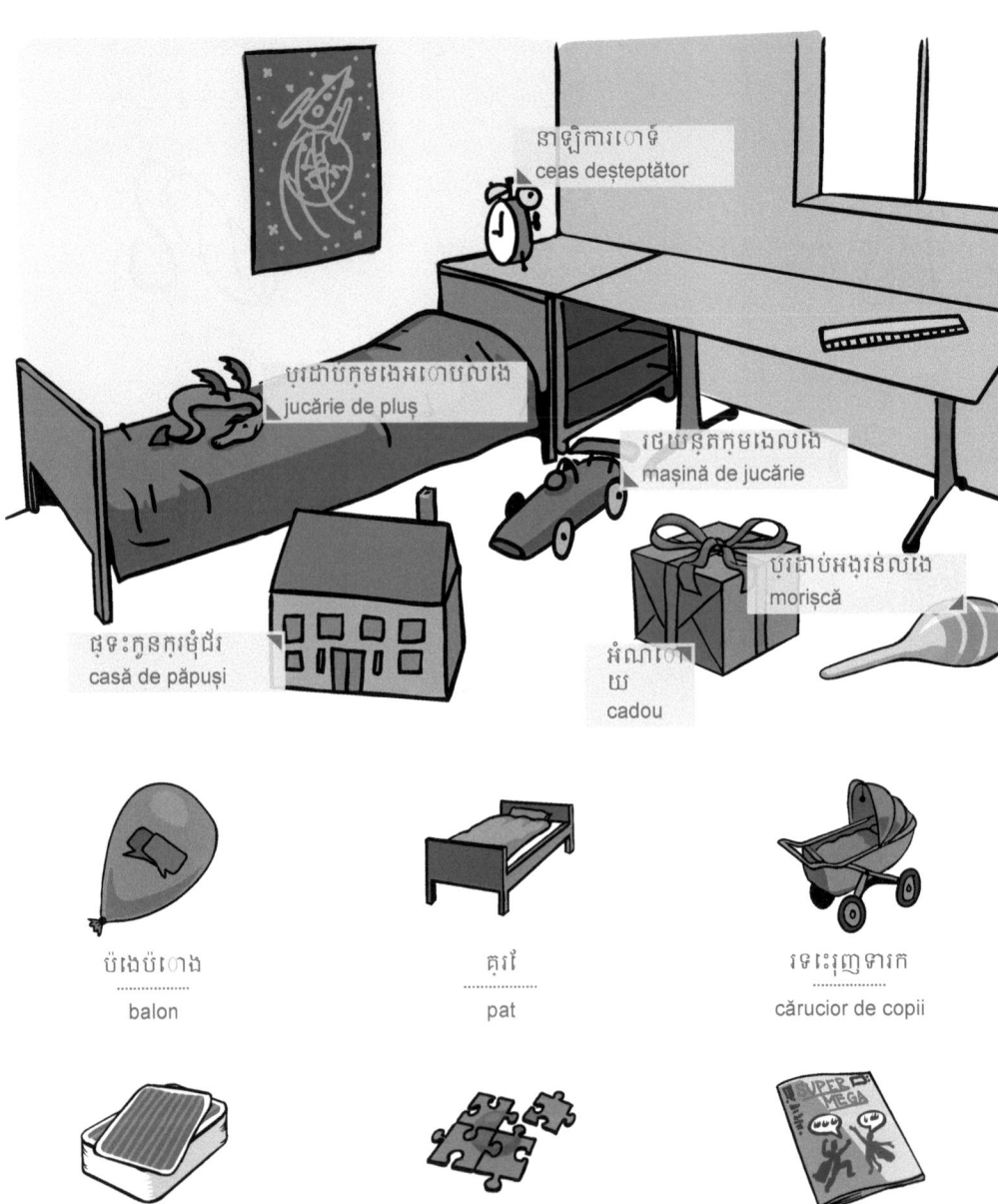

នាឡិការរោទ៍
ceas deșteptător

បុរជាប់កុមងអេបោលងៃ
jucărie de pluș

រថយន្តកុមងៃលងៃ
mașină de jucărie

ផ្ទះក្រុនកុរម៉ុជ័រ
casă de păpuși

បុរជាប់អង្រនៃលងៃ
morișcă

អំណោរ
យ
cadou

ប៉េងប៉ោង	គ្រែ	ទេះរុញទារក
balon	pat	cărucior de copii

ហ្គេបេ្ល	រូបផ្គុំ	កំប្លេលងៃ
joc de cărți	puzzle	revistă de benzi desenate

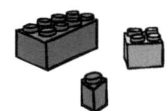

ឝដុប Lego

cuburi lego

បុលុកបូរដាប់កុមងេលងេ

piese pentru construcții

គូលខេសកម្មមភាព

personaj din filmele de acțiune

ខេហោអាវទារក

body

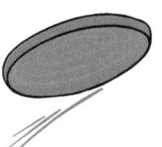

ការគប់ចាស

frisbee

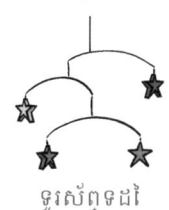

ទូរស័ព្ទមដៃ

mobil

កុការលុបដៃ

joc de societate

គុរាប់ឡូកឡ្រាក់

zar

ឈុតរចភុលេឺងគំរុ

set trenuleț de jucărie

រូបសំណាក

suzetă

គណបកុស

petrecere

សឡេៀវកទោវុបភាព

carte cu poze

ហាល់

minge

កូនក្រមុំគុក្កតា

păpușă

លងេ

a se juca

ណ្ដោងទៅខ្សាច់

groapă de nisip

ទោង

leagăn

ប្រដាប់កុមងេលងេ

jucării

កុងសូលវីដេអូហ្គេម

consolă video

ត្រីចក្រយានយន្ត

tricicletă

តុក្កតាខ្លាឃ្មុំ

ursuleţ

ទូខោអាវ

dulap

សម្លៀកបំពាក់

îmbrăcăminte

ស្រោមជើង

şosete

ស្រោមជើងវែង

ciorapi

ខោទ្រនាប់នារី

dres

ក្រមា
şal

ឆត្រ
umbrelă

ខ្សែក្រវាត់
curea

អាវយឺត
tricou

សុបកែជ ើងបាតា
pantofi sport

សុបកែជ ើងករវី ង
cizme

សុបកែជ ើងពាក់នទៅ ទុះ
papuci

សុបកែជ ើងសង្ករវិ កែ
sandale

សុបកែជ ើង
încălțăminte

សុបកែជ ើងករវែកទៅស្ល
cizme de cauciuc

ខទោទុរនាប់បុរស
chilot

អាវទុរនាប់
sutien

អាវកាក់
maiou

រាងកាយ

body

ខោទៅវែង

pantaloni

ខោទៅខូវបិយ

blugi

សំពត់

fustă

អាវក្រៅទៅ

bluză

អាវ

cămașă

អាវយឺត

pulover

អាវយឺត

jerseu

អាវធំ

sacou

អាវក្រៅទៅ

jachetă

អាវធំ

palton

អាវភ្លៀងទៀង

pelerină de ploaie

គុរទៀងតវែ

costum

អាវវែ

rochie

សំលទៀកបំពាក់អាពាហ៍ពិពាហ៍

rochie de mireasă

ខោអាវឈុត

costum

រ៉ូបរាត្រី

cămaşă de noapte

ឈុតគេង

pijama

សារី

sari

កន្សែងដែលជួតកុហាល

batic

ឆ្នួត

turban

ស្បបម៉ៃខ

burka

kaftan

caftan

abaya

abaya

ឈុតហាលែទឹក

costum de baie

ខោខ្លី

şort

ខោខ្លី

pantaloni scurţi

ឈុតហាត់កីឡា

trening

អាវអេ្រ៉ម

şorţ

ស្រោមដៃ

mănuşi

ឡៅរអោរ
nasture

វ៉ែនតា
ochelari

ខ្សែដៃ
brăţară

ខ្សែកៃ
lanţ

ចិញ្ចៀន
inel

កុវិល
cercel

មួក
căciulă

បុរដាប់ពួយអោវកូវទៅ
umeraş

មួក
pălărie

កូវាត់ក
cravată

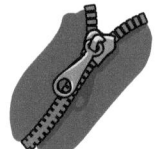

រូត
fermoar

មួកសុវត្ថិភាព
cască

ខ្សែ
bretele

ឯកសណ្ឋានសាលា
uniformă şcolară

ឯកសណ្ឋាន
uniformă

អៀ្បែមទារក
baveţică

រូបសំណាក
suzetă

ខ្ទេទ៍កនទោម
scutec

ម៉ាស៊ីនមេ
server

ទូងកសារ
dulap de acte

ម៉ាស៊ីនបោះពុម្ព
imprimantă

ម៉ូនីទ័រ
monitor

កុរដាស
hârtie

 កុការិយាល័យ
masă de birou

កិណ្តូរ
mouse

ស៊ីម៍
fişier

កុតារចុច
tastatură

កនុតុរកដាក់សំរាមកុរដាស
coş de gunoi

កុំព្យូទ័រ
computer

កទៅអី
scaun

កវែកាហ្វេ
ceaşcă de cafea

ម៉ាស៊ីនគិតលេខ
calculator

អ៊ីនធឺណិត
internet

កុំព្យូទ័រយួរដៃ

laptop

លិខិត

scrisoare

សារ

mesaj

ទូរស័ព្ទដៃ

telefon mobil

បណ្តាញ

rețea

ម៉ាស៊ីនថតចម្លង

copiator

សូហ្វវែរ

software

ទូរស័ព្ទ

telefon

រន្ធជជោត

priză

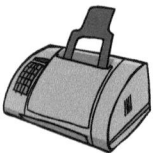

ម៉ាស៊ីនទូរសារ

fax

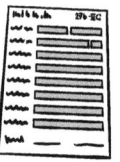

ទម្រង់បែបបទ

formular

ឯកសារ

document

ទិញ
a cumpăra

បង់ប្រាក់
a plăti

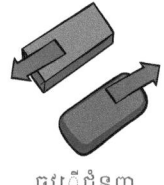

ធ្វើពេជំនួញ
a face comerț

លុយ
bani

ប្រាក់ដុល្លារ
Dolar

ប្រាក់អឺរ៉ូ
Euro

ប្រាក់យ៉េន
Yen

ប្រាក់រូប៊ិល
Rublă

ហ្វ្រង់ស្វីស
Franc Elvețian

ប្រាក់យ៉ន
renminbi yuan

ប្រាក់រូពី
Rupie

កន្លែងប្រេសាច់ប្រាក់
bancomat

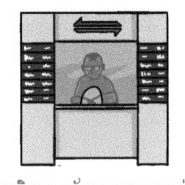

ការិយាល័យបូរបូររាក់

casă de schimb valutar

មាស

aur

ប្រាក់

argint

ប្រេង

petrol

ថាមពល

energie

តម្លៃ

preț

កិច្ចសន្យា

contract

ពន្ធ

impozit

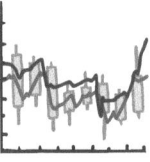

ភាគហ៊ុន

acțiune

ធ្វើការ

a munci

បុគ្គលិក

angajat

និយោជក

angajator

រោងចក្រ

fabrică

ហាង

magazin

មនុស្សប៉ូលិស
polițist

អ្នកពនុលត់អគ្គិភ័យ
pompier

ចុងភៅ
bucătar

វេជ្ជបណ្ឌិត
medic

អ្នកបើកយន្តហោះ
pilot

អ្នកថែស្វន
grădinar

ជាងឈើ
tâmplar

ជាងកាត់ដេរ
cusătoreasă

ចៅក្រម
judecător

គីមីវិទ្យូ
chimist

តួកុន
actor

អ្នកបើកឡានក្រុង

șofer de autobuz

អ្នកបើកតាក់ស៊ី

șofer de taxi

អ្នកនេសាទ

pescar

សុត្តិអ្នកសម្អាត

femeie de serviciu

ជាងដំបូល

tinichigiu

អ្នករត់តុ

chelnăr

អ្នកបរហាញ់សត្វ

vânător

វិចិត្រករ

pictor

អ្នកដុតនំ

brutar

ជាងអគ្គីសនី

electrician

ជាងសំណង់

muncitor în construcții

វិស្វករ

inginer

អ្នកកាប់សាច់

măcelar

ជាងជួសជុលទុយោរទឹក

instalator

អ្នករត់សំបុត្រ

poștaș

ទាហាន

soldat

ស្ថាបត្យករ

arhitect

បេឡា

casier

អ្នកលក់ផ្កា

florar

អ្នកកាត់សក់

frizer

អ្នកយកលុយ

controlor

ជាងម៉ាស៊ីន

mecanic

កាពីទែន

căpitan

ពេទ្យធ្មេញ

stomatolog

អ្នកវិទ្យាសាស្ត្រ

om de ştiinţă

គ្រូបង្រៀនច្បាប់សញ្ជាតិ
ជ៊ីហ្វវ៍
rabin

លោកសង្ឃចាម

imam

ព្រះសង្ឃ

călugăr

បពុវជិត

preot

ឧបករណ៍

instrumente

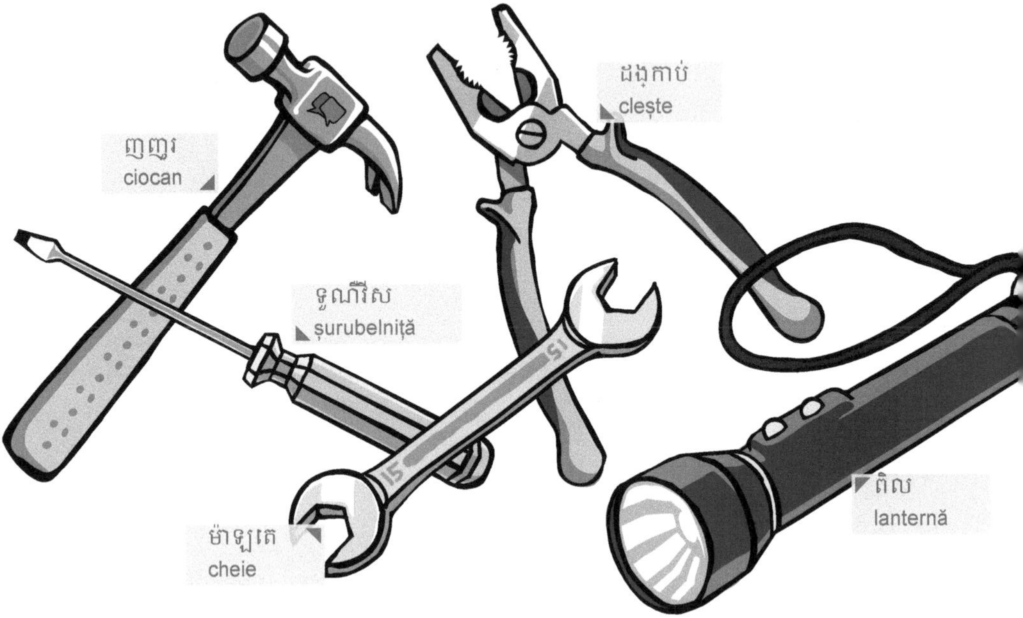

ញញួរ
ciocan

ដង្កាប់
cleşte

ទួណឺវីស
şurubelniţă

ម៉ាឡ្យេត
cheie

ពិល
lanternă

ម៉ាស៊ីនដីក
excavator

ប្រអប់ឧបករណ៍
cutie de scule

ជណ្តើរ
scară

រណារ
ferăstrău

ដែកគោល
cuie

ប្រដាប់ស្វាន
burghiu

56 ឧបករណ៍ - instrumente

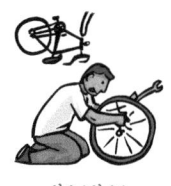

ជួសជុល

a repara

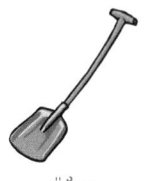

ប៉ែល

lopată

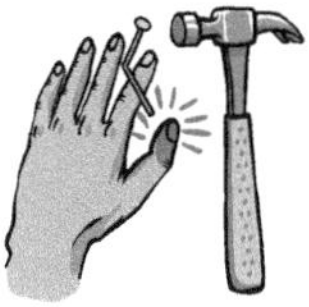

ចង្រៃ!

La naiba!

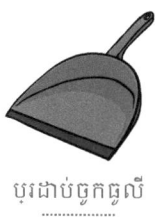

ប្រដាប់ចូកធូលី

făraș

ធុងថ្នាំពណ៌

vas pentru vopsea

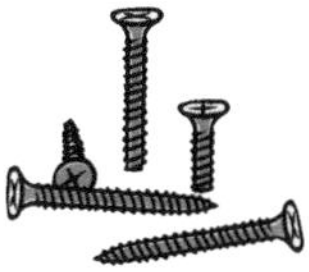

វីស

șuruburi

ឧបករណ៍តន្ត្រី

instrumente muzicale

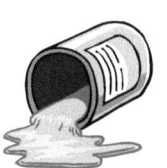

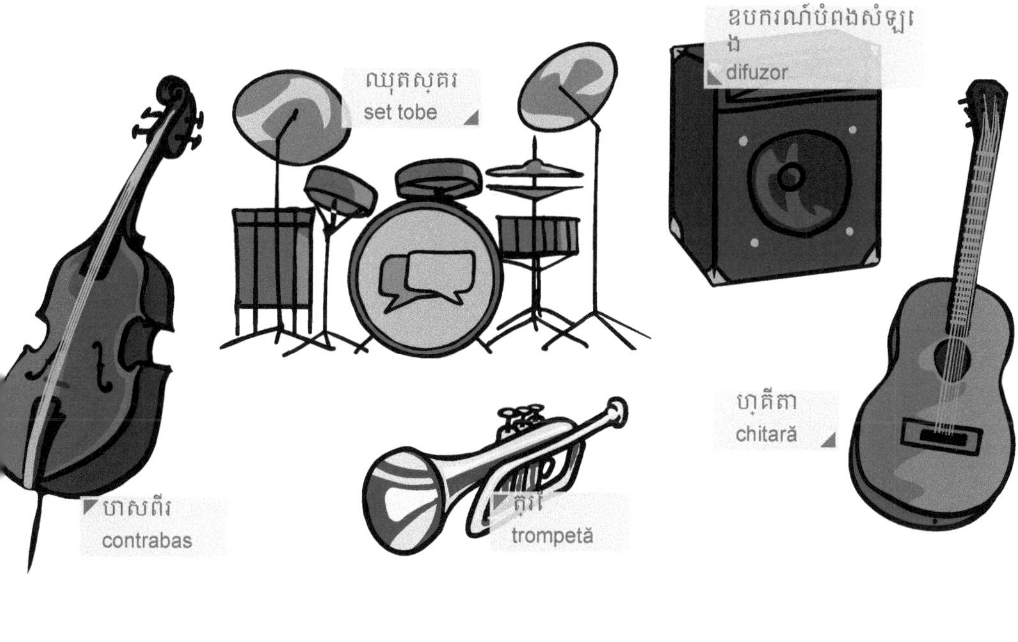
ឧបករណ៍បំពងសំឡេង
difuzor
ឈុតស្គរ
set tobe
ហ្គីតា
chitară
ហាសពីរ
contrabas
ត្រែ
trompetă

ពុយាណូ

pian

វីយ៉ូឡុង

vioară

បាស

bas

ស៊ុតរពោសសុបកែមុយ៉ាង

trombon

ស៊ុតរ

tobă

យឺបត

keyboard

សាក់ស្វហ្វូន

saxofon

ខ្លុយ

fluier

មីក្រូហ្វូន

microfon

ឧបករណ៍តន្ត្រី - instrumente muzicale

សួនសត្វ
grădină zoologică

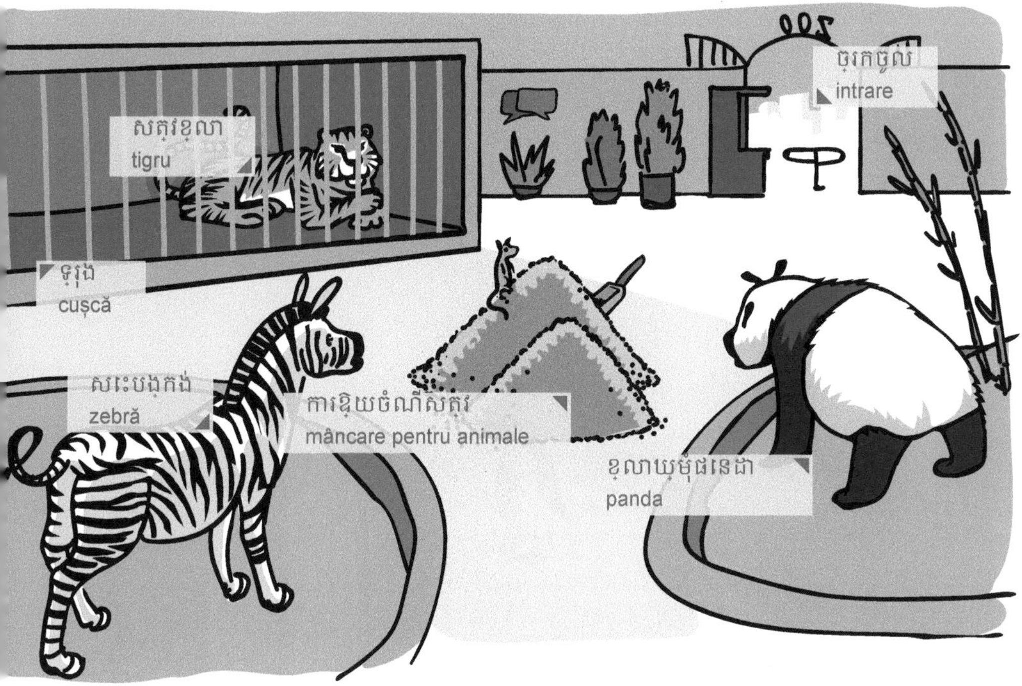

ច្រកចូល
intrare
សត្វខ្លា
tigru
ទ្រុង
cușcă
សេះបង្កង់
zebră
ការឱ្យចំណីសត្វ
mâncare pentru animale
ខ្លាឃ្មុំផេនដា
panda

សត្វ

animale

សត្វដំរី

elefant

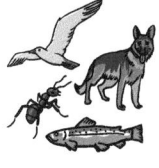

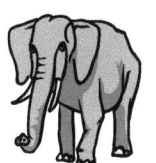

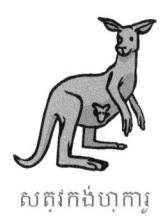

សត្វកង់ហ្គារូ

cangur

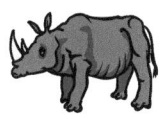

សត្វរមាស

rinocer

សត្វស្វាហ្គ័រីឡា

gorilă

ខ្លាឃ្មុំពណ៌ត្នោត

urs

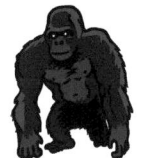

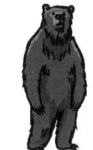

សត្វអូដ្ឋប

cămilă

សត្វអូទ្រីស

struț

សត្វតោ

leu

ស្វា

maimuţă

សត្វក្រៀល

flamingo

សកេ

papagal

ខ្លាឃ្មុំតំបន់ប៉ូល

urs polar

ផេនឃ្វីន

pinguin

ត្រីឆ្លាម

rechin

ក្ងោក

păun

សត្វពស់

șarpe

ក្រពើ

crocodil

អ្នកករក្សាសួនសត្វ

îngrijitor grădina zoologică

ឆ្មាទឹក

focă

ខ្លារខិនមួយាង

jaguar

សួនសត្វ - grădină zoologică

ក្តួនសេះ
....
ponei

ខ្លារខិន
....
leopard

សត្វដំរីទឹក
....
hipopotam

សត្វករវៃ
....
girafă

ឥន្ទ្រី
....
acvilă

ជ្រូក
....
porc mistreţ

ត្រី
....
peşte

broască ţestoasă
....
អណ្តើកទ្រើក

លពោមមច្ឆា
....
morsă

កញ្ជ្រោង
....
vulpe

ក្តជាន់
....
gazelă

កីឡាហាល់ទាត់អាមេរិក
fotbal american

ការបុរណាំងកង់
ciclism

កីឡាថ្នេនីស
tenis

កីឡាហាល់បៈបោះ
basketball

កីឡាហាលេទឹក
înot

កីឡាបុរដាល
box

កីឡាវាយក្នុនហាល់លេ...
កក
hockey pe gheaţă

កីឡាហាល់ទាត់
fotbal

កីឡាវាយស៊ី
badminton

អត្តពលកម្ម
atletism

កីឡាហាល់កាន់
handbal

ការជិះស្គី
schi

ប៉ូម្ល
polo

សកម្មភាពនានា

activități

សើច
a râde
លោត
a sări
ឱប
a îmbrățișa
ដើរ
a merge
ច្រៀង
a cânta
សុបិន្ត
a visa
អធិស្ឋាន
a se ruga
ថើប
a săruta

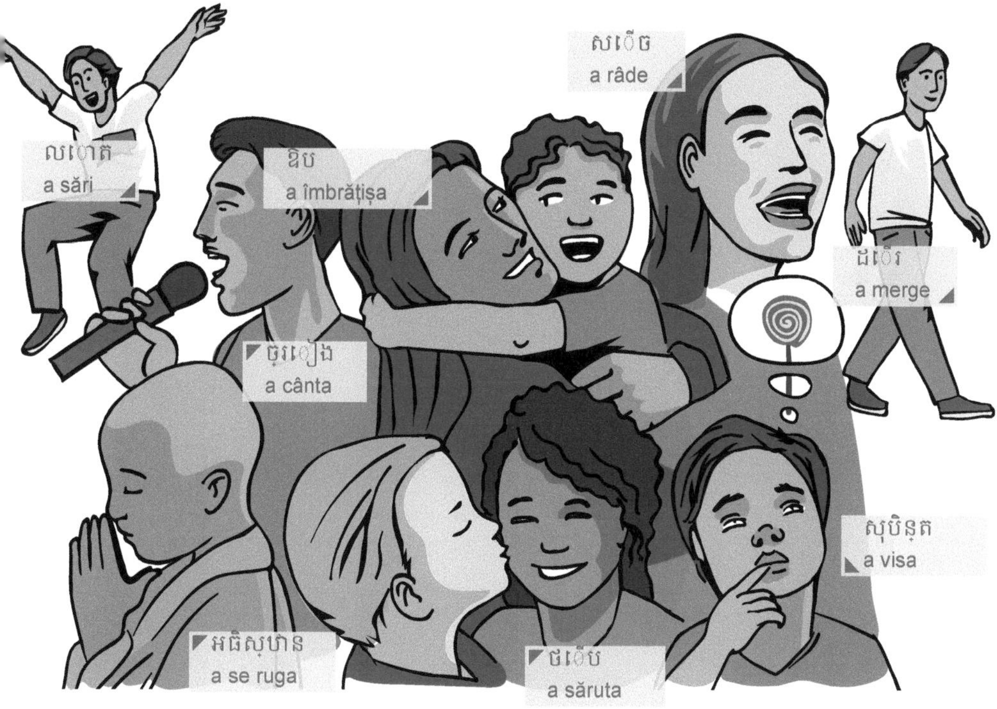

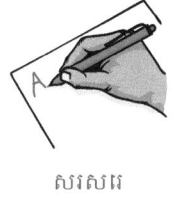

សរសេរ

a scrie

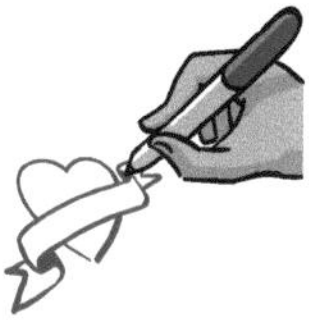

គូរ

a desena

បង្ហាញ

a arăta

រុញ

a împinge

ឲ្យ

a da

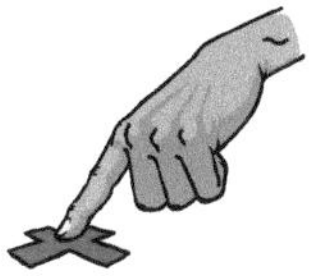

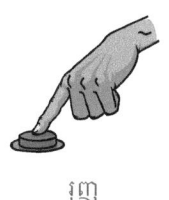

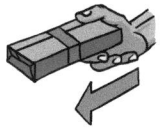

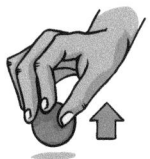

យក

a lua

មាន

a avea

ធ្វើរើ

a face

គី

a fi

ឈរ

a sta în picioare

រត់

a fugi

ទាញ

a trage

បេាះ

a arunca

ធ្លាក់

a cădea

កុហក

a sta întins

រង់ចាំ

a aștepta

យួរ

a purta

អង្គុយ

a ședea

សួលពៀកពាក់

a se îmbrăca

ដេក

a dormi

ភ្ញាក់ឡ្បេើង

a se trezi

មេើល
a privi

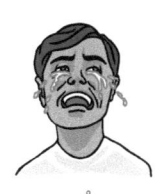

យំ
a plânge

គូសរវាស
a mângâia

សិតសក់
a se pieptăna

និយាយ
a vorbi

យល់
a înțelege

សួរ
a întreba

ស្ដាប់
a asculta

ជឹក
a bea

បរិភោគ
a mânca

សម្អាត
a face ordine

សុរលាញ់
a iubi

ចម្អិន
a găti

បេើកបរ
a conduce

ហាោះ
a zbura

ចាក់ទូក
a naviga

គណនា
a calcula

អាន
a citi

រៀន
a învăţa

ធ្វើការ
a munci

រៀបការ
a se căsători

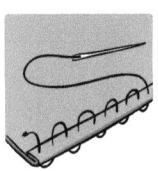

ដេរ
a coase

ដុសធ្មេញ
a se spăla pe dinţi

សម្លាប់
a ucide

ជក់
a fuma

ផ្ញើ
a trimite

ជីដូន
bunică

ជីតា
bunic

ឪពុក
tată

មុតាយ
mamă

ទារក
bebeluș

កូនស្រី
soră

កូនប្រុស
fiu

ភ្ញៀវ
oaspete

មីង
mătușă

ពូ
unchi

បងប្អូនប្រុស
frate

បងប្អូនស្រី
soră

រាងកាយ

corp

ថ្ងាស
frunte
ភ្នែក
ochi
មុខ
fața
ចង្កា
bărbie
ម្រាមដៃ
deget
ដៃ
mână
សុដន់
piept
ដៃ
braț
ស្មា
umăr
ជើង
picior

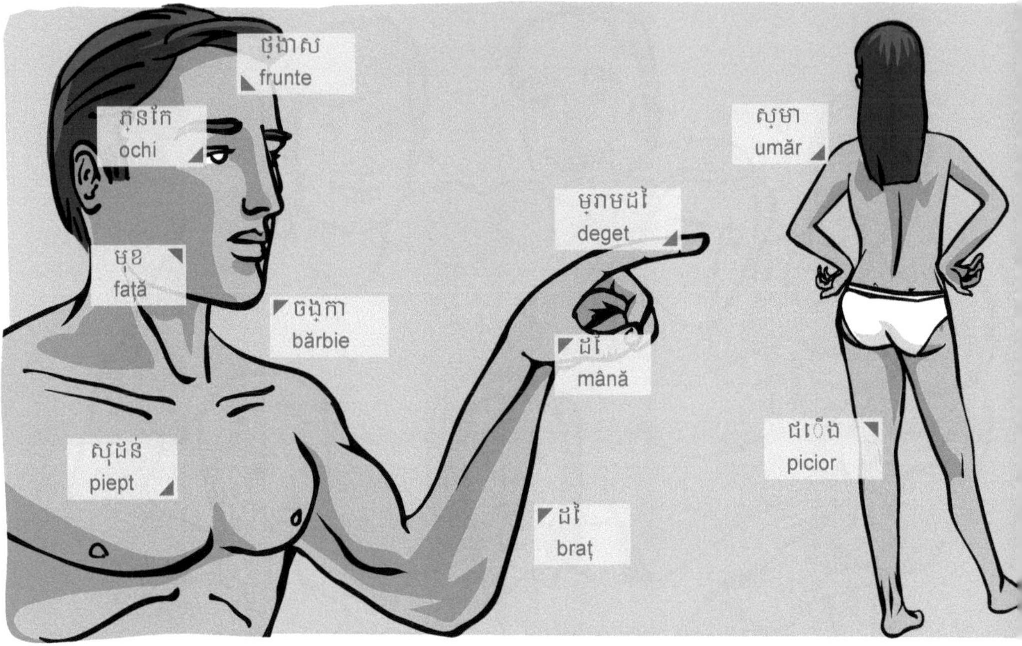

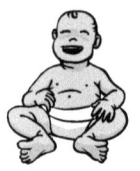

ទារក
bebeluș

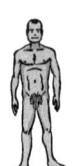

បុរស
bărbat

ស្ត្រី
femeie

ក្មេងស្រី
fată

ក្មេងប្រុស
băiat

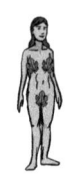

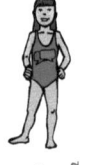

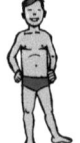

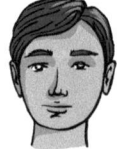

ក្បាល
cap

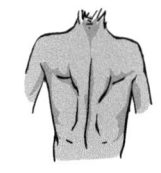

ខ្នង

spate

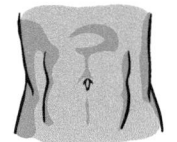

ពោះ

abdomen

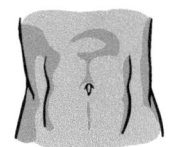

ផ្ចិត

ombilic

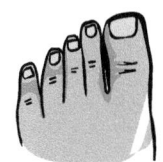

ម្រាមជើង

deget de la picior

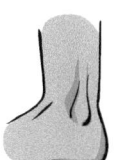

កែងជើង

călcâi

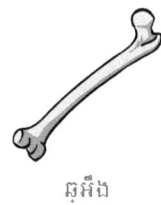

ឆ្អឹង

os

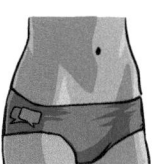

គូទគាក

şold

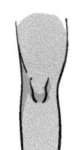

ជង្គង់

genunchi

កែងដៃ

cot

ច្រមុះ

nas

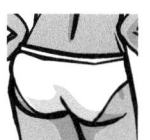

គូទ

fund

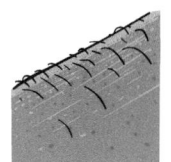

ស្បែក

piele

ថ្ពាល់

obraz

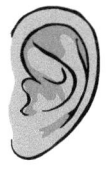

ត្រចៀក

ureche

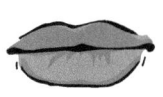

បបូរមាត់

buză

មាត់

gură

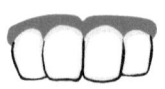

ធ្មេញ

dinte

អណ្តាត

limbă

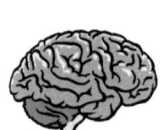

ខួរក្បាល

creier

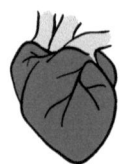

បេះដូង

inimă

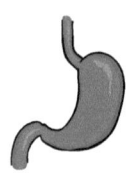

សាច់ដុំ

mușchi

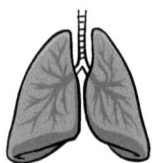

សួត

plămân

ថ្លើម

ficat

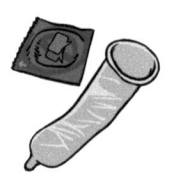

ក្រពះ

stomac

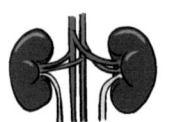

តម្រងនោម

rinichi

ការរួមភេទ

sex

ស្រោមអនាម័យ

prezervativ

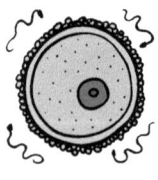

អូវុល

ovul

ទឹកកាម

spermă

ការមានផ្ទៃពោះ

sarcină

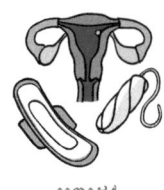

មកជ្ជរ

menstruație

ទ្វារមាស

vagin

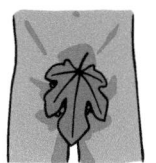

លិង្គ

penis

ចិញ្ចើមភ្នែម

sprânceană

សក់

păr

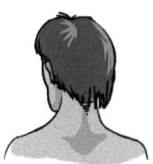

ក

gât

រាងកាយ - corp

មន្ទីរពេទ្យ

spital

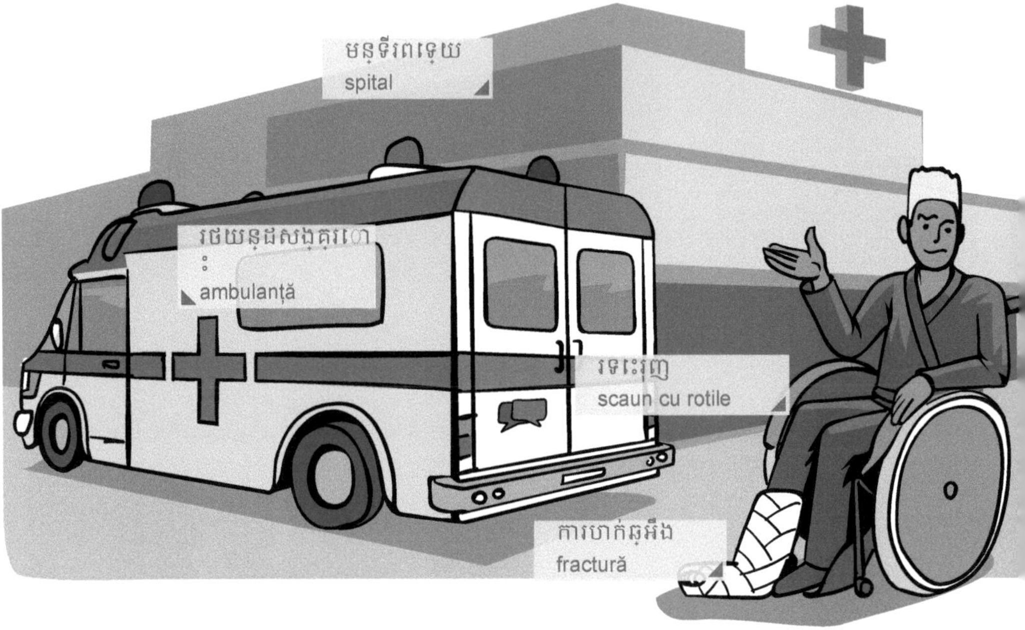

មន្ទីរពេទ្យ
spital
រថយន្តសង្គ្រោះ
ambulanță
រទេះរុញ
scaun cu rotile
ការបាក់ឆ្អឹង
fractură

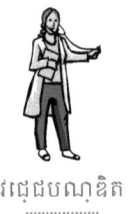

វេជ្ជបណ្ឌិត

medic

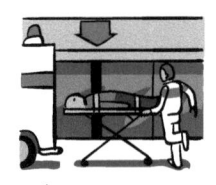

បន្ទប់សង្គ្រោះបន្ទាន់

unitate de primiri urgențe

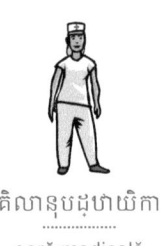

គិលានុបដ្ឋាយិកា

soră medicală

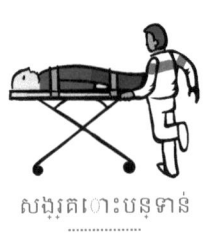

សង្គ្រោះបន្ទាន់

urgență

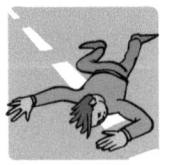

សន្លប់

inconștient

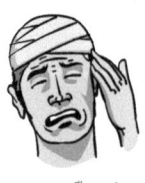

ការឈឺចាប់

durere

ការរងរបួស

leziune

ការហូរឈាម

sângerare

គាំងបេះដូង

infarct miocardic

មុឌីដាច់សរសៃឈាមក្នុងក្បាល

atac cerebral

អាលែកហ្ស៊ី

alergie

ក្អក

tuse

ជំងឺគ្រុន

febră

ជំងឺផ្តាសាយ

gripă

ជំងឺរាគរូស

diaree

ឈឺក្បាល

durere de cap

ជំងឺមហារីក

cancer

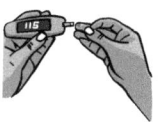

ជំងឺទឹកនោមផ្អែម

diabet

គ្រូពេទ្យវះកាត់

chirurg

កាំបិតវះកាត់

scalpel

ប្រតិបត្តិការ

operație

CT

CT

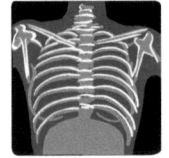

កាំរស្មីអ៊ិច

raze Röntgen

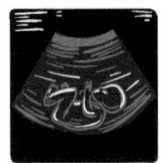

អេក្ខូ

ultrasunet

របាំងមុខ

mască

ជំងឺ

boală

រង់ចាំបន្ទប់

sală de așteptare

ឈរើចរគ័

cârjă

ម្នាងសិលា

plasture

បង់រុំ

bandaj

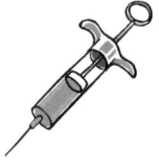

ការចាក់ថ្នាំ

injecție

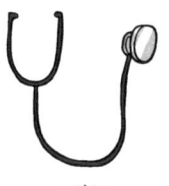

ស្ដេតូស្កុប

stetoscop

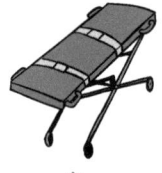

សុនដែរប្រូស

targă

ទែម៉ូម៉ែត្ររុយហាបាល

termometru

កំណើត

naștere

លរើសទម្ងន់

supraponderabilitate

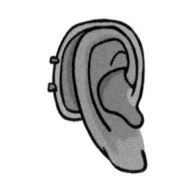

ឧបករណ៍ជំនួយការស្តាប់
aparat auditiv

សារធាតុសម្លាប់មេរោគ
dezinfectant

ការឆ្លងមេរោគ
infecție

មេរោគ
virus

មេរោគអេដស៍ / ជំងឺអេដស៍
HIV/SIDA

ថ្នាំពេទ្យ
medicină

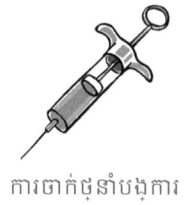

ការចាក់ថ្នាំបង្ការ
vaccin

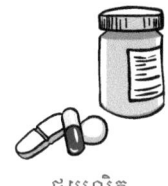

ថ្នាំគ្រាប់
tablete

ថ្នាំគ្រាប់
pastilă

ការហៅពេលអាសន្ន
apel de urgență

ឧបករណ៍ពិនិត្យសម្ពាធ
ឈាម
aparat de măsurare a
presiunii arteriale

ឈឺ / មានសុខភាពល្អ
bolnav/sănătos

ជំនួយ!

Ajutor!

សំឡេងរោទ៍

alarmă

ការវាយលុក

agresiune

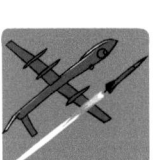

ការវាយប្រហារ

atac

គ្រោះថ្នាក់

pericol

ច្រកចេញគ្រាអាសន្ន

ieşire de urgenţă

អគ្គីភ័យ!

Foc!

បំពង់ពន្លត់អគ្គិភ័យ

extinctor

គ្រោះថ្នាក់

accident

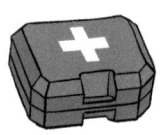

ឧបករណ៍ជំនួយបឋម

trusă de prim-ajutor

SOS

SOS

ប៉ូលិស

poliţie

អឺរុប

Europa

អាមេរិកខាងជើង

America de Nord

អាមេរិកខាងត្បូង

America de Sud

អាហ្រ្វិក

Africa

អាស៊ី

Asia

អូស្រ្តាលី

Australia

អាត្លង់ទិច

Altantic

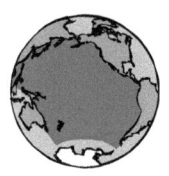

ប៉ាស៊ីហ្វិក

Pacific

មហាសមុទ្រឥណ្ឌា

Oceanul Indian

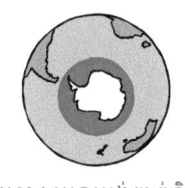

មហាសមុទ្រអង់តាក់ទិច

Oceanul Antarctic

មហាសមុទ្រអាកទិច

Oceanul Arctic

ប៉ូលខាងជើង

Polul Nord

ប៉ូលខាងត្បូង
Polul Sud

អង់តាក់ទិក
Antarctica

ផែនដី
pământ

ដីតពោក
țară

សមុទ្រ
mare

កោះ
insulă

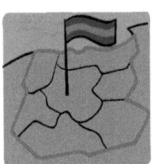

បុរទេសជាតិ
națiune

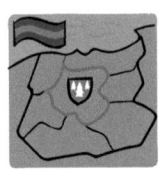

រដ្ឋ
stat

មុខនាឡិកា

cadran

ទ្រនិចម៉ោង

orar

ទ្រនិចនាទី

minutar

ទ្រនិចវិនាទី

secundar

ម៉ោងប៉ុន្មាន?

Cât e ceasul?

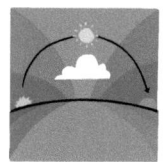

ថ្ងៃ

zi

ពេលវេលា

timp

ឥឡូវនេះ

acum

នាឡិកាឌីជីថល

cead digital

នាទី

minut

ម៉ោង

oră

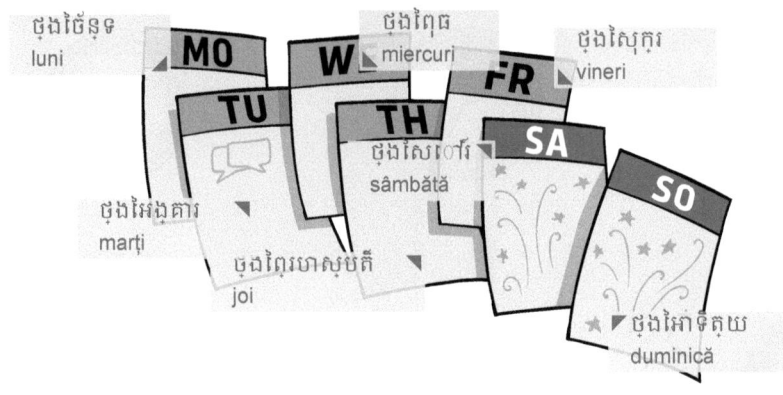

ថ្ងៃច័ន្ទ
luni

ថ្ងៃពុធ
miercuri

ថ្ងៃសុក្រ
vineri

ថ្ងៃអង្គារ
marți

ថ្ងៃសៅរ៍
sâmbătă

ថ្ងៃព្រហស្បតិ៍
joi

ថ្ងៃអាទិត្យ
duminică

មុសិលមិញ
....
ieri

ថ្ងៃនេះ
....
azi

ថ្ងៃស្អែក
....
mâine

ព្រឹក
....
dimineață

ថ្ងៃត្រង់
....
amiază

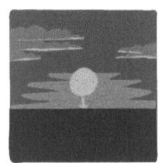

ល្ងាច
....
seară

ថ្ងៃធ្វើការ
....
zile lucrătoare

ចុងសប្តាហ៍
....
week-end

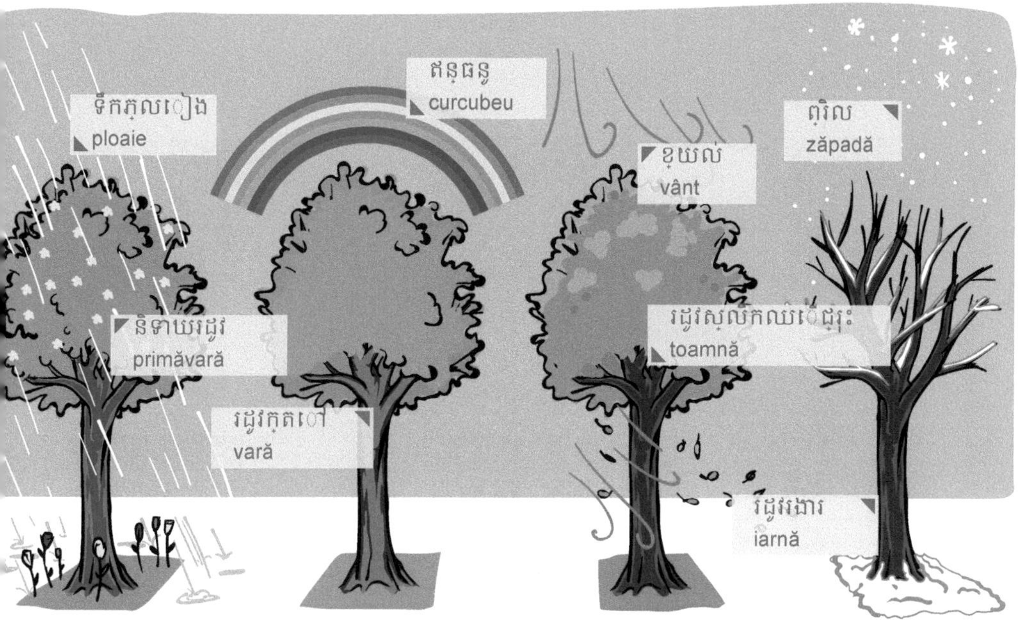

ទឹកភ្លៀង
ploaie
ឥន្ធនូ
curcubeu
ខ្យល់
vânt
ព្រិល
zăpadă
និទាឃរដូវ
primăvară
រដូវក្តៅ
vară
រដូវស្លឹកឈើជ្រុះ
toamnă
រដូវរងារ
iarnă

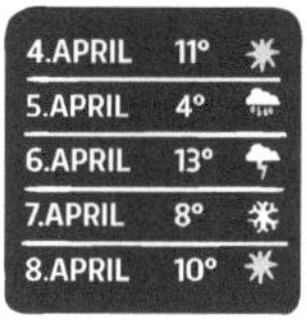

4.APRIL 11°
5.APRIL 4°
6.APRIL 13°
7.APRIL 8°
8.APRIL 10°

ារព្យាករណ៍អាកាសធាតុ
prognoză meteo

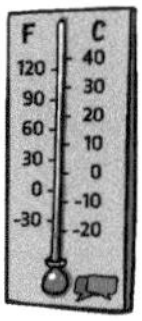

F C
120 90 60 30 0 -30
40 30 20 10 0 -10 -20

ទែម៉ូម៉ែត្រ
termometru

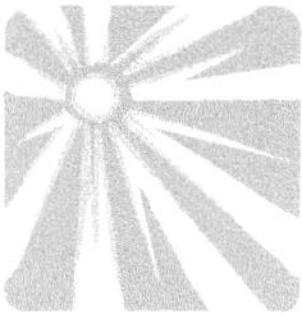

ពន្លឺថ្ងៃ
lumina soarelui

ពពក
nor

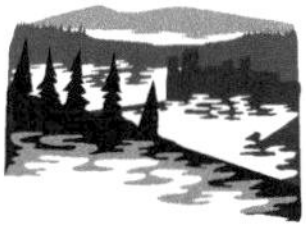

អ័ព្ទ
ceață

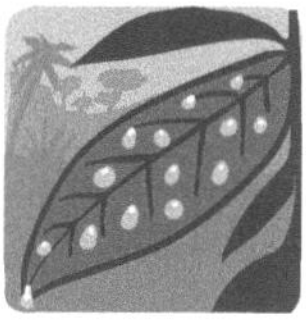

សំណើម
umiditate a aerului

រន្ទះ
....
fulger

ផ្គរ
....
tunet

ព្យុះ
....
furtună

ព្រិល
....
grindină

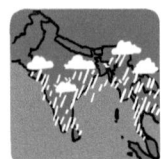

ខ្យល់មូសុង
....
muson

ទឹកជំនន់
....
inundație

ទឹកកក
....
gheață

ខែមករា
....
ianuarie

ខែកុម្ភៈ
....
februarie

ខែមីនា
....
martie

ខែមេសា
....
aprilie

ខែឧសភា
....
mai

ខែមិថុនា
....
iunie

ខែកក្កដា
....
iulie

ខែសីហា
....
august

ឆ្នាំ - an

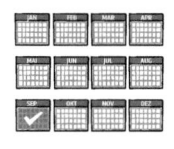

ខែកញ្ញា

septembrie

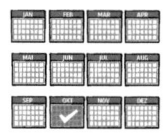

ខែតុលា

octombrie

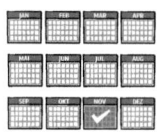

ខែវិច្ឆិកា

noiembrie

ខែធ្នូ

decembrie

រាង

forme

រង្វង់

cerc

ការ៉េ

pătrat

ចតុកោណកែង

dreptunghi

ត្រីកោណ

triunghi

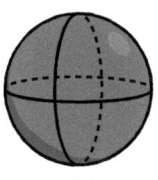

ស្វ៊ែរ

sferă

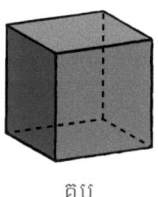

គូប

cub

ពណ៌ស

alb

ពណ៌លឿង

galben

ពណ៌ទឹកក្រូច

portocaliu

ពណ៌ផ្កាឈូក

roz

ពណ៌ក្រហម

roşu

ពណ៌ស្វាយ

violet

ពណ៌ខៀវ

albastru

ពណ៌បៃតង

verde

ពណ៌ទឹកក្រូច

maro

ពណ៌ប្រផេះ

gri

ពណ៌ខ្មៅ

negru

ចូរវេ៊ន / តិចតួច

mult/puțin

ខឹង / គួរជាក់ចិត្ត

furios/calm

ស្រស់ស្អាត / អាក្រក់

frumos/urât

ចាប់ផ្តើម / បញ្ចប់

început/sfârșit

ធំ / តូច

mare/mic

ភ្លឺ / ងងឹត

luminos/întunecat

បងប្អូនប្រុស / បងប្អូនស្រី

frate/soră

ស្អាត / កខ្វក់

curat/murdar

ពេញលេញ / មិនពេញលេញ

complet/incomplet

ថ្ងៃ / យប់

zi/noapte

ស្លាប់ / នៅរស់

mort/viu

ធំទូលាយ / តូចចង្អៀត

lat/strâmt

អាចបរិភោគតបាន /
មិនអាចបរិភោគតបាន

comestibil/necomestibil

ចិត្តអាក្រក់ / ចិត្តល្អ

rău/prietenos

ការរំភើប / អផ្សុក

emoţionat/plictisit

ធាត់ / សុគម

gras/slab

ដំបូង / ចុងក្រោយ

primul/ultimul

មិត្តភក្តិ / សត្រូវ

prieten/inamic

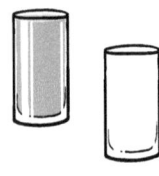

ពេញ / ទទេ

plin/gol

រឹង / ទន់

tare/moale

ធ្ងន់ / សុរាល

greu/uşor

ភាពអត់យុលាន /
ការស្ទះរកយុលាន
foame/sete

ឈឺ / មានសុខភាពល្អ

bolnav/sănătos

ខុសច្បាប់ / ត្រូវច្បាប់

ilegal/legal

ឆ្លាតវៃ / ឆ្កួត

inteligent/stupid

ឆ្វេង / ស្តាំ

stânga/drepta

ជិត / ឆ្ងាយ

aproape/departe

ថុម៊ / ហានបូររេ
nou/uzat

គ្មានអ្វីសោះ / អ្វីម្មួយ
nimic/ceva

ចាស់ / កុមរេង
bătrân/tânăr

បរេ៊ក / បិទ
pornit/oprit

បរេ៊ក / បិទ
deschis/închis

ស្ងប់ស្ងាត់ / ពួខលាំង
încet/tare

មាន / ក្ររ
bogat/sărac

ត្ររវ / ខុស
corect/fals

គ្ររេម / លេរោង
aspru/neted

ហាកចិត្តត / សបុហាយចិត្តត
trist/fericit

ខលី / វែង
lung/scurt

យ៉ែត / លរេៀន
încet/repede

សរេម / ស្ងួត
ud/uscat

ក្តតរៅ / គ្ររជាក់
cald/rece

សង្ររគាម / សនុតិភាព
război/pace

0	1	2
សូន្យ	មួយ	ពីរ
zero	unu	doi

3	4	5
បី	បួន	ប្រាំ
trei	patru	cinci

6	7	8
ប្រាំមួយ	ប្រាំពីរ	ប្រាំបី
șase	șapte	opt

9	10	11
ប្រាំបួន	ដប់	ដប់មួយ
nouă	zece	unsprezece

12

ដប់ពីរ

douăsprezece

13

ដប់បី

treisprezece

14

ដប់បួន

paisprezece

15

ដប់ប្រាំ

cincisprezece

16

ដប់ប្រាំមួយ

şaisprezece

17

ដប់ប្រាំពីរ

şaptesprezece

18

ដប់ប្រាំបី

optsprezece

19

ដប់ប្រាំបួន

nouăsprezece

20

ម្ភៃ

douăzeci

100

រយ

o sută

1.000

ពាន់

o mie

1.000.000

លាន

un milion

អង់គ្លេស

engleză

អង់គ្លេសអាមេរិក

engleză americană

ចិនកុកធ្ងើ

chineza mandarină

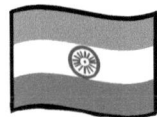

ហិណ្ឌូ

hindi

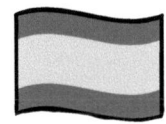

អេស្ប៉ាញ

spaniolă

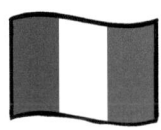

ហារាំង

franceză

អារ៉ាប់

arabă

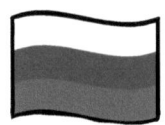

រុស្សី

rusă

ព័រទុយហ្គាល់

protugheză

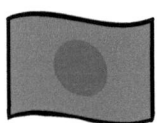

បង់កុលាជសែ

bengaleză

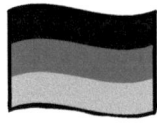

អាល្លឺម៉ង់

germană

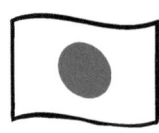

ជប៉ុន

japoneză

ខ្ញុំ

eu

អ្នក

tu

គាត់ / នាង / វា

el/ea

យេ៉ើង

noi

អ្នក

voi

ពួកគេហាន

ea

នរណា?

cine?

អ្វី?

ce?

របៀបណា?

cum?

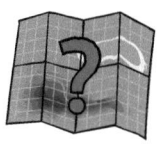

កន្លែងណា?

unde?

ពេលណា?

când?

ឈ្មោះ

nume

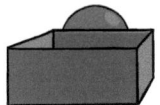

ព័ក្នុរោយ

în spate

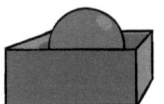

ក្នុង

în

ព័មុខ

înainte

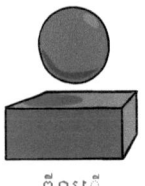

ព័លលើ

peste

នៅលលើ

pe

នៅក្នុរោម

sub

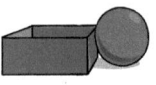

នៅក្នុបៃ

lângă

វាង

între

កន្លែង

loc